AF330297

L'ALGÉRIE CONTEMPORAINE

PAR

M. LOUIS VIAN

> Un livre vous déplaît-il, réfutez-le ;
> vous ennuie-t-il, ne le lisez pas.
> VOLTAIRE.

PARIS

CHALLAMEL AINÉ, ÉDITEUR
Libraire-commissionnaire pour l'Algérie, les colonies et l'Orient
30, RUE DES BOULANGERS-SAINT-VICTOR
ET LIBRAIRIE CENTRALE
BOULEVARD DES ITALIENS, 24
1863

L'ALGÉRIE

CONTEMPORAINE

PARIS — DE SOYE ET BOUCHET, IMPRIMEURS, 2, PLACE DU PANTHÉON

L'ALGÉRIE

CONTEMPORAINE

PAR

M. LOUIS VIAN

Un livre vous déplaît-il, réfutez-le;
vous ennuie-t il, ne le lisez pas.
VOLTAIRE.

PARIS

CHALLAMEL AÎNÉ, ÉDITEUR

Libraire-commissionnaire pour l'Algérie, les colonies et l'Orient

30, RUE DES BOULANGERS-SAINT-VICTOR

ET LIBRAIRIE CENTRALE

BOULEVARD DES ITALIENS, 24

1863

L'ALGÉRIE

CONTEMPORAINE

LETTRE I

GEORGES SIMONIN A JULES ERLANGES

Capendu, le 4 octobre 1859.

Tu t'es sans doute étonné, mon cher Jules, que je ne sois pas encore rentré au collége pour faire ma philosophie. C'est qu'il est arrivé un grand malheur dans ma famille.

Il y a un mois, jour pour jour, mon père, en ouvrant ses étables, s'aperçut qu'une vache était morte et que dix

1

moutons étaient frappés. Chaque matin, pendant une semaine, il vit tomber les plus belles bêtes de son troupeau,
jusqu'à ce qu'il n'en restat pas une.

Cependant plusieurs billets étaient prêts à écheoir.
Après un long entretien entre ma mère et lui, mon père
alla trouver le notaire et lui dit : « Vendez tout, payez
tout, et rendez-moi le reste au plus vite. » Cela fait, il me
prit à part : « Mon cher ami, tu ne finiras pas tes classes ;
mais, que veux-tu ? nous resterons toujours ensemble ;
viens dans les champs. » A quelque temps de là, le notaire lui apporta, tout liquidé, trois sacs d'argent. Mon
père les compta d'un œil sec ; puis, voyant qu'ils ne con-
tenaient que trois mille francs, il se mit à crier, en jetant
sa tête dans ses mains : « Pauvre femme, pauvres enfants ! » Ma mère l'embrassa pour le consoler, ma petite
sœur pleurait à ce spectacle ; moi, j'étais hébété.

Voilà où nous en sommes. Raconte notre malheur à ton
oncle. Sa position de député, sa grande fortune et sa valeur personnelle rendent sa protection la plus précieuse
du monde. Il me l'a souvent offerte. J'ose le prier de l'accorder à ma famille qui en a tant besoin.

Adieu, bien à toi de cœur.

LETTRE II

M. ERLANGES A M. SIMONIN

Paris, le 10 octobre.

Mon cher Monsieur,

J'ai été profondément ému du malheur qui vous frappe. Venez me voir. Peut-être trouverons-nous quelque moyen d'y porter remède. Autrefois, il n'y avait que deux manières de sortir de cette position, se tuer ou se faire socialiste; aujourd'hui, il y en a une troisième, qui est d'aller coloniser l'Algérie.

Le coup qui vous enlève la plus grande partie de votre fortune, vous laisse la santé, l'énergie et l'habitude du travail. Il n'en faut ni plus ni moins dans ce pays-là pour réussir.

Il me paraît que c'est votre affaire; toutefois, je suis à votre disposition pour vous aider en quoi que ce soit que vous voudrez entreprendre.

A bientôt, je vous serre la main.

LETTRE III

M. SIMONIN A SA FEMME

Paris, le 14 octobre.

Ma chère amie,

J'ai été voir M. Erlanges, dès mon arrivée. Il m'a d'abord signifié qu'il ne voulait pas que j'eusse d'autre hôtel que le sien, pendant mon séjour ici. A quoi je n'ai rien eu à répondre. En vérité, les gens du monde sont bien aimables : je me croyais son ami.

Il m'a demandé si la proposition qu'il m'avait faite d'être colon en Algérie me convenait, ou si j'avais d'autres vues. Je lui ai répliqué qu'il savait mieux que nous ce qu'il nous fallait et que nous nous en rapportions à lui.

Alors il me donna une lettre pour le directeur de l'exposition permanente de l'Algérie qui se trouve au Palais de l'Industrie. Sur cette recommandation, M. Aubry Lecomte me la fit voir lui-même, autant pour mon plaisir que pour son amour-propre. Il m'a montré du blé dur d'Afrique préférable au blé tendre de France pour la fabrication des pâtes alimentaires, du coton rival de celui de

Géorgie, des tabacs plus doux que ceux du Lot. Les vins dont il m'a offert de goûter se rapprochent, m'a-t-il dit, tantôt des crus de Bordeaux, tantôt des crus d'Espagne. J'ai remarqué aussi de superbes échantillons de cochenille, d'opium, de dattes et d'oranges. Rien n'est plus capable de donner une haute idée du sol de notre colonie, si ces produits ne sont pas des exceptions.

Après cette visite, qui dura quelques heures, je suis retourné chez M. Erlanges. Il venait de solliciter près du ministre de l'Algérie une concession pour nous, et Son Excellence lui avait répondu : « Que votre émigrant fasse « sa demande et s'embarque ; son ordre d'installation ar- « rivera avant lui. »

Que de grâces nous devons à M. Erlanges pour l'espoir et la vie qu'il nous rend.

Ainsi, ma chère enfant, réfléchis bien une dernière fois. Puis, si tu es toujours décidée à quitter la France, écris-le-moi et dis à Georges de s'enquérir des formalités pour faire une demande de concession et viens me retrouver à Marseille.

LETTRE IV

GEORGES SIMONIN A SON PÈRE

Capendu, le 30 octobre 1859.

Bon père,

Il s'est passé un long temps depuis ta lettre. Ma mère n'a pas voulu que j'y répondisse avant d'avoir de quoi le faire utilement.

En effet, dès que ton courrier nous est venu, je suis allé chez le maire afin de connaître les formalités à remplir pour demander une concession en Algérie. Il les ignorait complétement. Huit jours après, il me pria de passer à son cabinet, et me dit : « Il faut, avant tout, savoir si tu désires ta concession en territoire civil ou en territoire militaire. » — « Je la veux dans le meilleur, répliquai-je. » — « La question que je t'ai faite a plus de portée que tu ne sembles le croire. Ta réponse est très-importante ; car, suivant que tu choisiras telle ou telle partie, tu devras adresser ta demande au général qui commande la division ou au préfet du département. » Moi, qui n'ai jamais entendu parler de ces distinctions en France, je lui déclarai que je préférais le territoire civil.

Il s'agissait d'aller à Carcassonne. Je rédigeai ma pétition. Elle contenait nos nom, prénoms, professions et domicile ; le tout accompagné d'un certificat de moralité et d'un acte de notoriété constatant que nous avions au moins deux mille francs liquides. La préfecture me promit que je n'attendrais pas longtemps et m'accorda un bon pour obtenir notre passage gratuit à bord des Messageries impériales de Marseille en Algérie. Je revins ensuite dire adieu, avec ma pauvre mère, à tout le monde.

Les départs donnent une satisfaction d'amour-propre incroyable. Chacun vous fait des déclarations d'amitié, oublie vos torts, n'a pour vous que des éloges : il semble qu'on assiste à son propre enterrement.

Le maire nous a rendu, ce matin, sa visite en écharpe et nous a dit avec solennité : « Mes chers administrés, la commune, par ma voix, vous déclare que vous emportez tous ses regrets. » Je lui ai répondu : « M. le maire, j'apprends avec peine que nous n'en laissons pas. » A ces mots, il s'est fâché net. « Georges, a-t-il ajouté, ce n'est pas bien de rire de moi, qui t'ai inscrit sur les registres de l'état civil ; ça te portera malheur. Tu ne seras jamais qu'un mauvais plaisant, bon à habiter le pays des chacals, des panthères, des lions, des serpents à sonnettes et des bureaux arabes, où te conduira la perversité de ton cœur. Adieu. » Une telle bénédiction nous a rendu un peu de gaieté.

Nous partirons dès ce soir pour t'aller rejoindre.

LETTRE V

GEORGES SIMONIN A JULES ERLANGES

Mon cher ami,

La ruine de ma famille et mon instruction qui n'a rien de pratique m'ont contraint à m'engager. Naturellement, j'ai choisi le corps des spahis, dans le double but de me créer une carrière rapide et de connaître des mœurs nouvelles.

On m'a envoyé en Afrique, à Oran : excellent port le jour où il y aura des digues et des bassins. Jusqu'à présent, les navires qui sont en destination pour cette ville viennent mouiller à une lieue et demie de là, dans une rade capable de contenir vingt vaisseaux de haut bord. Les indigènes l'ont nommée Mers-el-Kebir, et les Français le Gibraltar de l'Algérie.

La route par terre, entre Oran et ce port, est taillée dans les montagnes de schiste qui surplombent la Méditerrannée sur ce rivage.

On y remarque une excavation faite toute de coquilla-

1.

ges séculaires, appelée pour cette raison *la Grotte de Colombes.*

A quelques pas plus loin, quatre mètres au-dessus de la mer, jaillissent, à raison de 350 litres à la minute, des eaux minérales salées, thermales, assez semblables à celles de Bourbon et de Balaruc. C'est le marabout Sidi-Dédeiop qui les fit connaître en les employant à la cure d'un lépreux. Le cardinal Ximènes conçut, dit-on, l'expédition d'Afrique exprès pour les prendre : elles ne le guérirent pas de son ambition. Jeanne, reine de Castille, y venait tous les ans chercher à calmer la passion qu'elle portait à Philippe le Beau, son volage époux. Le remède fut vain. Elle est la première femme morte d'amour pour son mari. Les historiens, dans la crainte que son exemple ne fut contagieux, ont surnommé cette pauvre princesse *Jeanne la Folle ;* les paysans, plus simples, ont consacré sa mémoire en appelant ces eaux thermales « Bains de la Reine. »

Nous arrivâmes à Oran. Pour bien en juger, il faut le voir de la pleine mer, dans une balancelle.

La ville est au fond d'un golfe, sur les flancs et dans le milieu d'un ravin. Les maisons blanches, semées d'arbres verts et capricieusement groupées, offrent à la vue un tableau charmant. On dirait un troupeau de chèvres et de moutons descendant une colline les uns sur les autres.

J'entrai dans la rade entre un double rideau de montagnes bleuâtres qui me conduisit jusqu'à la ville. Une partie est sur le rivage ; la population laborieuse et pauvre y habite. L'autre est construite en amphithéâtre à mi-côte : ici est la demeure du haut commerce. C'est l'habitude ; à mesure que les peuples se civilisent, ils s'éloignent de l'eau, comme on quitte sa nourrice. Paris naquit dans l'île de la Cité, tous les jours il monte vers les Ternes.

Sur un des versants du ravin, la ville est espagnole; sur l'autre, elle est indigène, moitié arabe et moitié juive. L'administration, qui veut tout faire, a comblé le centre; ce sont les Français qui l'habitent. Mais elle n'a pu tant le gâter qu'il ne puisse encore réjouir la vue. Là, sont des jardins plantés de citronniers, des vergers toujours remplis de légumes et de fleurs. Ici, tournent quelques moulins. Au fond, serpente un ruisseau où plus d'une blanchisseuse lave son linge avec plus d'un soldat.

Ce mélange d'une triple population indique les phases successives par lesquels ce pays a passé. Les Arabes y ont laissé pour traces des mosquées : l'une est encore consacrée au culte musulman; une autre, au culte catholique; une troisième, qui sert de magasin, possède un minaret fouillé comme une guipure et gracieux comme un dessin de Vidal.

Parmi les vestiges de la domination espagnole, on remarque des chapelles, des inscriptions, des murailles et des forts dont un s'élève à 420 mètres au-dessus du niveau de la mer.

Sous l'enceinte, fleurit un faubourg créé par un émigrant en 1848, et qui compte aujourd'hui 6314 habitants. Car si la France n'est pas colonisatrice, les Français sont très-colonisateurs.

Ça et là, dans la campagne, s'élèvent de jolies maisons de plaisance où se montrent en pleine terre et en tout temps des artichauts, des violettes, des asperges, des grenadiers et des petits pois. Le jardin de M. Manecat est aussi riche que lui et aussi élégant que sa femme.

Mais la plus grande curiosité d'Oran, c'est un quartier dont la population se compose surtout de nègres venus du Soudan pour fuir l'esclavage et d'Arabes expulsés de leurs tribus. Les uns habitent des cases ou maisons d'un seul étage, surmontées de terrasses, les autres des chaumières faites en palmier nain et en roseaux ; le reste couche dans les cafés maures. Rien n'est plus curieux que ce mélange de misérables, moitié voleurs, moitié mendiants, et souvent l'un et l'autre, conservant leurs mœurs primitives dans leurs costumes particuliers. M. Cusson, qui vient de partir pour Tombouctou, dit que c'est la cour des miracles de l'Algérie.

Ma famille est en chemin pour Philippeville ; elle écrira à ton oncle dès qu'elle sera arrivée.

LETTRE VI

M. SIMONIN A M. ERLANGES.

Philippeville, le . . . .

Monsieur,

Ma première lettre d'Afrique vous est due. J'ai mille remercîments à vous faire pour l'aide que vous avez la bonté de nous prêter dans les circonstances où nous nous trouvons ; et je crois payer une dette de reconnaissance en vous disant ce qui nous est arrivé depuis que je ne vous ai vu.

Les bateaux des Messageries Impériales (*) sont si bien aménagés, que je suis arrivé sans m'être presque aperçu de mon départ, et que je n'ai débarqué qu'avec peine.

Outre que je m'y trouvais plus richement que chez

(*) Tous les gens qui ont voyagé sont unanimes pour reconnaître la supériorité de ces bateaux sur ceux de l'Angleterre et de l'Allemagne. Rien n'est plus facile à expliquer lorsqu'on sait que M. A. Béhic est à la tête de cette compagnie et qu'il choisit pour ses inspecteurs des Tranchant et des Poirson.

moi, j'y avais fait quelques connaissances parmi les émigrants qu'on distingue vite à leur misère et à leurs matelas. C'était une famille qui passait n'ayant pas même de langes ni de couches pour changer un petit être de trois mois; c'étaient un père, une mère et des enfants qui, après avoir demandé à la charité les vêtements les plus indispensables, faisaient 190 lieues avec quatorze sous dans la poche. Çà et là des gens sans ressources ni but, qui allaient tenter la fortune. La majorité se composait de commerçants que leurs affaires amenaient en Algérie.

Nous avons débarqué au milieu d'un port spacieux et sûr, presque fermé, du nom de Stora, dans une position aussi agréable que salubre, entouré d'un territoire productif, et situé à quatre kilomètres de Philippeville, où nous arrivâmes après avoir traversé deux rivières, cotoyé une forêt de chênes-liéges et aperçu des cultures splendides.

Il existe un établissement, près de la ville, où l'administration héberge les émigrants durant trois jours. Un petit nombre de passagers s'y rendit. Ma famille refusa d'y aller, et nous fûmes nous coucher à l'auberge.

Le lendemain, après le premier étourdissement, j'ai été à la sous-préfecture. Le secrétaire n'avait encore rien reçu qui me concernât, mais il m'a donné toute espèce d'espoir. Du reste, le panorama que j'avais vu aurait suffi pour m'en inspirer, si je n'avais eu déjà la promesse du ministre et votre protection sur laquelle je compte le plus.

LETTRE VII

GEORGES SIMONIN A JULES ERLANGES

Mon cher ami,

Tu n'as peut-être jamais entendu parler du *Pas de l'abeille*, eh bien, je te déclare que jusqu'à ce que tu l'aies vu, il existera une lacune dans ta vie.

Mon rôle d'arabisant va commencer. Hier je dînais chez un grand chef indigène. On fêtait un saint arabe. Le repas avait été splendide ; l'assemblée était composée de tous les agas de la province. Nous étions accroupis dans une tente immense sur des coussins qui en faisaient le tour. Les nègres venaient de servir le café, le tabac et le chanvre que l'Europe décore du nom de hatschich. On fumait. Deux bougies en cire jaune nous éclairaient d'une lueur incertaine.

Je distinguais un gros cylindre d'argile fermé d'une peau à l'une de ses extrémités, une sorte de violon à trois cordes, un roseau dont le bout était garni d'un jeton percé, d'énormes castagnettes en fer et une romance arabe. On tapait l'un, on râclait l'autre, on soufflait dans celui-ci, on agitait celles-là, on psalmodiait le reste sur un air de plain-chant. C'était un trémolo brisé d'une seule phrase, tantôt bruyante, tantôt sourde, sans transition et pourtant d'un charme singulier, comme quelques passages de Félicien David.

Tout à coup, se présentent au milieu des convives, sur un tapis de Mascara, un homme et une femme.

La Mauresque se met à dodeliner de la tête, puis à piétiner, puis à danser des hanches, puis à faire des grâces avec deux mouchoirs de couleurs éclatantes.

Un spectateur lui jette une pièce de monnaie. Le Maure annonce à haute voix son nom et la valeur de son offrande.

La musique joue plus vite. Les mouvements de la danseuse redoublent. On va lui mettre de l'argent, qui sur les joues, qui sur les yeux, qui sur le nez, moi sur le front. C'est alors une recrudescence d'instruments qui étourdit la Mauresque. Elle tressaille, hennit et s'affaisse en se couvrant le visage.

On l'emmena. Deux autres almées la remplacèrent avec les mêmes gestes et le même succès.

Cette danse se voit partout en Algérie. Mais notre hôte nous en préparait une plus curieuse, dont le moindre attrait n'est pas qu'elle soit défendue depuis l'occupation française.

Bientôt apparut, au milieu de la fumée des narcotiques, un fantôme blanc percé d'un œil noir. Il ne montrait d'humain que des doigts dorés par le henna et des talons roses

sortant de babouches vertes. Mais les plis de ses vêtements annonçaient une femme.

Elle écouta un instant la musique et en suivit la mesure
avec une nonchalance inexprimable, dansant sur un pied
et sur l'autre, prenant des poses avec une écharpe. On
eut dit un palmier balancé par la brise, tant son corps
ondulait au branle de l'harmonie.

Mais il lui semble qu'une abeille bourdonne dans son
voile. Elle le jette à terre. Un cercle était tatoué entre ses
sourcils et le koheul estompait sa paupière. Un simple cor-
set en tulle pailleté d'or retenait sa gorge, et un pantalon
de soie, tombant sur ses chevilles, dessinait toutes ses
formes.

Un tremblement subit s'empare de la danseuse. Où est
l'abeille? Il lui paraît qu'elle se cache dans sa tête. Elle
la secoue, tremble, s'agite et arrache sa toque. Des flots
de cheveux noirs couverts de sequins comme d'une écume
se déroulent en longues tresses sur ses épaules et inondent
ses mains qui s'y plongent avec horreur.

L'abeille n'y est pas. Sans doute elle s'est glissée dans
son corsage. La Mauresque, désespérant de la trouver,
tâche de la faire fuir. L'air est rempli de ses mouvements.
Elle se tord comme une couleuvre et déchire ses habits.
Sa poitrine étincelle dans l'ombre, tout entière, du col
à la hanche. Aussitôt elle croise ses bras et se baisse à
demi.

On goûte alors un moment de repos et de silence. Mais
la musique devient plus vive, plus bruyante, comme éhon-
tée. Un soupçon sur le refuge de l'abeille brilla en traver-
sant les yeux de la danseuse. Elle se lève, brise sa cein-

ture à belles mains et son dernier vêtement, s'abat sur ses pieds qui frémissent.

C'était une superbe créature que cette femme nue. Cependant point d'abeille. Le dépit la transporte, la fumée des narcotiques l'enivre, la musique la stimule. Elle se balance, tourne, haletante, éperdue, et tombe en délire, les yeux fermés, la bouche ouverte, dans le bernouss du plus généreux de ses admirateurs.

Tout le monde partit les laissant seuls. Elle a dû trouver l'abeille avec lui : un peu d'aide fait grand bien.

Si je ne me trompe, mon cher ami, même après le chef-d'œuvre d'Eugène Delacroix, quelque peintre pourrait trouver là un sujet nouveau, en le prenant du côté religieux. Car c'était moins une fête qu'une cérémonie, sans doute celle de la génération. J'ose croire qu'il doit être plus efficace de l'accomplir que de faire des neuvaines à saint Nicolas, d'invoquer Lucine ou de porter un phallus sur la poitrine, fut-ce pendant une procession, comme en Égypte.

LETTRE VIII

JULES ERLANGES A GEORGES SIMONIN

Mon cher ami,

J'approuve de toutes mes forces la résolution que tu as prise. Avec ton intelligence et ton goût pour le travail, tu ne peux manquer de faire un chemin brillant. Tes lettres me présagent que tu te trouveras bien en Algérie, et qu'il va nous venir par toi mille choses nouvelles.

Oran me paraît un curieux pays. La description de la danse que tu m'envoies est vive, entraînante, et peint au mieux toutes les phases du désir. Quant à tes deux héros, peut-être ont-ils chassé une abeille, mais à coup sûr ils n'ont pu prendre qu'un frêlon : le plaisir sans amour.

Continue à m'écrire le plus souvent que tu pourras. Je te tiendrai au courant de ce qui t'intéressera de près ou de loin. Et déjà, il y avait dimanche chez mon oncle un jeune homme qui venait lui faire ses adieux. Il partait pour l'Afrique, où il est nommé inspecteur de colonisation. Je ne sais en quoi consiste cette place, mais il me semble que, par elle, il serait à même d'être utile à ta famille ou à toi. Tâche de lier connaissance avec lui, ne fut-ce que par curiosité. Dans le monde il passe pour un original. Un billet sans adresse, que j'ai pris sur la cheminée de ma tante pendant qu'elle allait le reconduire jusqu'à la porte et que j'ai lu d'abord machinalement, puis comme malgré moi, t'en dira davantage.

« Madame, permettez-moi de vous écrire. Bien que je
« vous aie peu vue, je vous ai beaucoup appréciée. Vous
« êtes trop affable pour ne pas m'entendre.

« Je vais quitter la France. Deux raisons m'y décident,
« et la plus grave est que j'aime une de vos amies.

« Le ciel est témoin que ma passion est pure, et qu'elle
« le restera, quand même je pourrais la ternir. Car ce se-
« rait aussi odieux que maladroit. Ma conscience aurait
« horreur de déshonorer un homme dont j'ai plus d'une
« fois serré la main, et mon orgueil répugne à laisser
« croire à une femme que je n'avais pour elle qu'un ca-
« price aussitôt oublié que satisfait.

« Je pars donc, quoique j'osasse espérer d'un amour
« assez jeune pour devenir peut-être contagieux.

« Pourtant si vous avez quelque pitié d'un cœur plus
« contenu que fort, obtenez de votre amie qu'elle vous
« donne un souvenir et faites-le moi passer à son insu.
« Les reliques ont maintes fois sauvé la vie de ceux qui
« les portaient. »

LETTRE IX

PAUL D'ORLY A Mme ERLANGES

Madame,

Je me permets de vous écrire, sans votre autorisation ; mais vous ne vous plaindrez pas, puisque vous m'aviez autorisé à vous venir voir. Les lettres ont un immense avantage sur les visites : on peut s'en débarrasser plus aisément.

C'est là ma principale excuse avec le besoin que j'ai de prendre l'air natal ; car, s'il est vrai que je ne sois en Algérie que d'avant-hier, j'ai quitté la France depuis huit jours. Non qu'il faille mettre ce temps pour faire la traversée de la Méditerrannée ; au contraire, on trouve à Marseille, que le génie de Mirès a préparée à devenir le bazar de l'Europe, des bateaux qui l'effectuent cinq fois par semaine entre trente-deux et cinquante heures.

Mais ce n'était pas mon compte. Comme je n'éprouve le mal de mer que par contagion, je résolus de tenter la traversée avec un pêcheur dans une barque. Il y avait là de plus quelque chose d'aventureux qui me plaisait. Lundi matin donc, les provisions faites, nous mîmes à la voile. Le vent était bon et la Méditerranée houleuse, comme elle l'est toujours dans le golfe de Lyon ; si bien que chaque vague submergeait la proue que j'occupais afin de dire adieu à la France, sans doute pour la dernière fois.

Peu à peu disparut Marseille, le fort de la Joliette, Notre-Dame-de-la-Garde, le château d'If et le reste. Certes je m'en allais de plein gré. Toutefois, en voyant diminuer la terre à mesure que la mer grandissait, un sentiment indéfinissable s'empara de moi. L'immensité de la perspective me porta à la mélancolie. Je ne pus m'empêcher de songer avec amertume à ceux dont je m'éloignais, parents, amis, connaissances, ne sentant que le vide qu'ils me causaient, les yeux tournés vers le rivage qui ne fut bientôt qu'un point dans l'espace.

A force de regarder sans voir et de rêver sans rien dire, le sommeil me gagna. Je m'endormis dans mon manteau au fond de la barque. Le lendemain, à mon réveil, toutes mes idées noires étaient dissipées. Mon batelier fit une espèce de soupe au poisson dont nous mangeâmes l'un et l'autre de fort bon appétit. Le reste de la traversée se passa à pêcher, à tirer sur les requins et à causer.

Enfin, grâce à l'habitude excessive que mon pilote avait de la Méditerranée, nous filâmes droit et nous n'essuyâmes pas le moindre coup de vent. Ce fut uni comme un voyage en bateau à vapeur.

Un seul incident mérite de vous être rapporté.

C'était au milieu de la traversée, le soir du troisième jour, par une nuit éblouissante d'étoiles. Tout à coup je crus voir à l'horizon un nuage d'une forme singulière. On eut dit le fantôme d'un géant. Ses membres paraissaient doués d'une force invincible ; l'élégance et la majesté étaient répandues sur toute sa personne ; il avait le visage ouvert, l'œil lumineux et la bouche souriante. Sa tunique, qui cachait une armure et une épée, flottait derrière lui sur des îles. Sa main droite tenait une barrière brisée, sa gauche un flambeau. Et, un pied à Marseille, l'autre dans Alger, il laissait passer l'univers sous lui.

N'était-ce pas le génie de la France qui vient d'ouvrir l'isthme de Suez au commerce et à la civilisation ?

Vous direz que je suis un rêveur. Pourquoi pas ?

Trois jours après, nous sentîmes une fraîcheur qui indique le rivage ; puis bientôt quelques lignes grises, quelques échancrures sur l'horizon : c'était la terre. Déjà je reposais avec plaisir sur les arbres de la côte mes yeux fatigués de l'éclat du ciel et de l'éclat de l'eau.

Le hasard me fit aborder dans un petit village de pêcheurs qui me plut d'abord. Je cherchai à m'y loger. Un colon m'offrit une chambre à murs blancs et à rideaux bleus, fraîche comme une jeune fille. Je m'y suis installé, visitant les hommes et les choses, écoutant les uns, regardant les autres, de façon à me rendre digne de mon poste.

L'idée que je vais recommencer une nouvelle vie, peut-être utile, sûrement agréable, m'a rendu la joie. Pourtant lorsque je regarde par ma fenêtre qui donne sur la France, il me semble que je vous vois et les larmes me viennent aux yeux. C'est puéril ; j'en conviens, mais que voulez-vous ? J'ai un cœur de femme, il ne peut oublier.

LETTRE X

Mme ERLANGES A PAUL D'ORLY

Cher Monsieur,

C'est bien aimable à vous de venir prendre l'air chez moi. Aussi, je vous réponds de ma chambre à coucher, installée à cette petite table où vous me trouviez chaque fois que vous me rendiez visite. Faites appel à vos souvenirs, et vous vous croirez encore en France, au milieu de vos amis que je vous ai vu quitter avec des regrets que j'ai compris et déplorés.

Votre lettre m'a beaucoup plu, parce qu'elle annonce des préoccupations sérieuses. Allons, ferme, poussez. Vous n'êtes pas un homme ordinaire. Nous ignorons le but de Dieu en nous créant, mais nous savons qu'en cultivant notre intelligence et en la faisant produire, nous remplissons un devoir : à lui d'accomplir le reste. Il faut travailler, quand on est jeune comme vous et que l'avenir est si beau.

Je ne vous défends pas, toutefois, de regarder du côté de la France et de laisser couler les larmes qui vous viendront. Il n'y a que les natures aimantes, les cœurs purs, les âmes élevées, que le souvenir des affections lointaines puissent pénétrer. Malheur aux yeux secs. Ce sont des enfants de Caïn dont il ne faut rien attendre de bon.

Adieu, ou peut-être au revoir ; car, qui sait ? N'est-ce pas ?

LETTRE X

GEORGES SIMONIN A JULES ERLANGES

Mon cher ami,

A peine arrivé à Oran, j'appris que mon escadron était en dépôt à Biskara. Il fallut partir.

Une diligence allait deux fois par semaine à Alger, mais le désir de bien voir le pays me détermina à faire le voyage à pied.

Ce sont d'abord, du côté de la mer, des terrains montagneux coupés de ravins et de petites vallées nues et déboisées. Sur le versant méridional s'étendent des plateaux accidentés, couverts de taillis et de broussailles, de chênes verts et de lentisques d'une belle venue. Çà et là des champs mal cultivés, où la nature se charge de la végétation.

Tant que je suivis un chemin qui avoisine la mer, ce fut bien ; mais, peu à peu, il alla s'effaçant dans les pierres et les cactus. Cependant l'appétit et la fatigue me pressaient. Enfin, au détour d'un long monticule, je vis un cercle immense formé par vingt-cinq tentes, entouré d'une muraille d'épines ; c'était un hameau arabe, ou douar.

A mon approche, une meute de chiens, moitié levriers moitié loups, jette les hauts cris, en venant sur moi. Quelques indigènes, assis près de là, leur lancent des pierres, et l'un d'eux m'aborde en me prenant la main avec la sienne qu'il reporte à ses lèvres. Après trois ou quatre phrases auxquelles je ne pus rien comprendre ni rien répondre (vu mon ignorance de la langue), il m'emmena chez lui, où, un quart d'heure ensuite, il me servit lui-même, sur un bas escabeau, un plat de très-petites boulettes de farine cuites au bain-marie, surmonté d'un poulet rôti. J'eus pour boisson du lait caillé, pour couvert, une cuiller de bois, et pour pain, rien. Mon repas terminé, il fit, à son tour, le sien de ma desserte, puis s'en alla, et revint s'asseoir à côté de ma natte.

Peur ou curiosité, ne pouvant dormir, je cherchai à me rendre compte de l'endroit où j'étais. Figure-toi une tente en crin d'un mètre de haut sur six de superficie, partagée en deux par un tapis. Il me parut que le côté où j'étais servait de chambre à coucher, et l'autre de cuisine. Je distinguai qu'il y avait deux femmes et un enfant.

Dès le matin, après quelques heures d'un somme pesant, je m'éveille. Mon hôte, qui n'avait pas quitté sa place de la nuit, les jambes croisées sous lui, près de moi, aussitôt me salua. Je lui indiquai que je voulais continuer mon voyage ; il s'éloigna, et revint avec un repas comme celui de la veille. Cela fait, il se mit à me précéder pendant un quart de lieue. Las de le voir se déranger pour moi, je lui fis comprendre que je trouverais bien ma route, et je mis la main à la poche. Il me quitta brusquement et l'air humilié ; je courus à lui pour l'embrasser, de quoi il parut touché.

Deux jours plus tard, après des pérégrinations sans incident, des hospitalités sans rétribution, des villages sans eau, des campagnes sans bras et des centres stratégiques, je passai sur les hauteurs d'Alger, qui ressemble assez à un aigle blanc, les ailes étendues, les pieds dans la mer, la tête dans le ciel.....

Pendant dix lieues, ce fut un jardin rempli d'oranges, de citrons, de grenades, de céréales, de luzerne et de sainfoin.

Peu à peu, les plaines se recourbèrent en montagnes escarpées couvertes d'olives, de figues, aux flancs et au sommet desquelles je trouvais des villages en pizé, suspendus comme des singes dans les arbres. C'était la Kabylie.

L'hospitalité de l'indigène est toujours cordiale et facile comme dans les pays où les auberges n'existent pas; mais elle est moins large que dans le Sahel. Cela tient sans doute aux habitudes des gens : les travailleurs sont moins prodigues que les paresseux.

Le territoire est encore très boisé, malgré les incendies allumés par les corps expéditionnaires. Je voyais avec plaisir çà et là des rubans de culture, des maisonnettes, des petits cours d'eau. En suivant des sentiers étroits, couverts, pierreux, montants et descendants, j'arrivai devant Constantine : immense rocher surmonté d'un fort et d'une ville, et presque entouré d'un torrent. Il a fallu de rudes soldats pour dénicher ce nid de vautours.

LETTRE XII

PAUL D'ORLY A Mme ERLANGES

Madame,

Figurez-vous une vallée immense arrosée par une rivière. Au centre s'élève une tente brodée d'or et de soie. Il est six heures, le vent est tombé; le soleil, qui va disparaître, jette de longs rayons; le calme le plus grand règne au loin.

Soudain, voici paraître au sommet des montagnes environnantes, et descendre à pied, à âne, à mulet, à cheval à chameau, l'un derrière l'autre par mille sentiers, des processions de têtes, de bernouss, de voiles, de tentes, de moutons, de chèvres, de bœufs, chacun avec son cri. Et quand ces convois sont arrivés dans la plaine, ils s'arrêtent. Quelques-uns approchent du centre, se rangent sur une seule ligne et, tournés vers la Mecque, un rosaire à la main, ils se prosternent, se relèvent et se baissent encore; la foule les suit avec recueillement. J'étais profondément ému de voir ces six mille hommes en prière dans la campgne au coucher du jour.

Après cette cérémonie, le branle recommence; on dresse des tentes en rond, on met les troupeaux au milieu. Les enfants crient, les femmes préparent les aliments, les hommes fourbissent leurs armes. Çà et là des colonnes de fumée qui tranchent sur le ciel et des feux qui s'éteignent successivement.

Le lendemain, dès l'aube, on fait la prière en commun. Peu après, trois mille Arabes sont sur leurs chevaux, se divisent par groupes de trois ou quatre, s'éloignent, reviennent au galop de front, s'arrêtent court devant la tente du chef, lâchent un coup de fusil et tournent bride pour recommencer cent fois, faisant cabrer leur monture sous le mors, flotter les plis rouges et blancs de leurs bernouss et « parler la poudre » qui les enivre.

Un millier d'indigènes accroupis décrivent un cercle immense, applaudissent ceux qui tirent le plus, et des femmes cachées derrière les tentes jettent des cris gutturaux en signe de joie. C'est un mouvement, un bruit, une poussière, un éclat, un spectacle inexprimables.

Cet exercice fini, des espèces de tambourins ont résonné. Tous les Arabes ont entouré la tente du chef; et *l'Erraaba* a commencé. On appelle ainsi une lutte à coups de pied. Le but de ceux qui y prennent part est de frapper leur rival sur la nuque jusqu'à lui faire perdre connaissance. Là est le triomphe. Tout le monde s'est amusé : Vous-même, madame, vous eussiez fait de même. Nous sommes d'une nature si cruelle !

Suivirent des pas indigènes exécutés par des danseuses de profession. On voyait des religieux vendre des chapelets, d'autres jouer avec des serpents, ceux-ci improviser des cantiques en l'honneur de Mohamed, ceux-là manger du verre pilé, quelques-uns tourner sur eux-mêmes comme des toupies pendant des heures entières.

Enfin le mêts national fut distribué à chacun, les riches donnant aux pauvres, le chef donnant aux riches, pauvres et riches donnant au chef.

La fête étant achevée, on éteignit les feux, on plia les tentes, on groupa les bestiaux, puis hommes, femmes, enfants, bêtes, chacun tira de son côté regagnant sa tribu.

Le soleil s'éteignait dans un ciel tourmenté. Je m'assis sur un petit tertre d'où je regardai tristement s'éloigner par cent chemins divers ces longues caravanes d'Arabes, jugeant de la simplicité de leur cœur par la simplicité de leurs plaisirs, enviant leurs convictions et désirant partager leur vie large, religieuse et patriarcale. Dès demain je vais chercher un *douar* où l'on me reçoive.

LETTRE XIII

PAUL D'ORLY A Mme ERLANGES

Chère madame,

Ma résolution une fois prise de vivre de la vie arabe, je cherchai le lieu qui devait m'arrêter.

Vous savez que rien ne révèle plus un peuple que son architecture. Un de mes amis prétend même, d'après le plan d'une ville, déterminer l'époque de sa fondation, sa situation sur le globe, les mœurs de ses habitants et le gouvernement qui la régit.

Je viens de visiter beaucoup d'anciennes villes arabes. Elles sont blanchies à la chaux contre le soleil, les rues sont étroites contre la chaleur, les maisons ont des toits plats contre le vent, les portes sont basses contre les cavaliers du sultan et sont sans fenêtres extérieures contre les indiscrets et les amants.

Le caractère oriental de l'indigène se trahit peut-être davantage encore dans l'architecture de ses palais et de ses mosquées.

Au dehors, ces monuments sont en général d'une sévérité qui contraste avec l'intérieur : reflet de la vie des Arabes qui est toute intime. J'ai vu les plus belles mosquées d'Algérie. De loin ce sont des blocs de quelques millimètres, flanqués d'une petite tour carrée au faîte de laquelle s'élève un grand nid de cigogne. On entre dans des jardins plantés de myrtes, de lauriers roses, remplis d'oranges et de grenades; au milieu, des jets d'eau retombent en pluie sur des vasques d'où ils vont en rigolles dans la cour servir aux ablutions des fidèles. Au couchant voilà le portique hardi, soutenu par des colonnettes de marbre blanc, qui s'ouvre sur six rangs d'arcades ogivales coupées par treize travées. Le plancher est couvert de tapis et de nattes, et les murs sont en onyx jusqu'à hauteur d'appui. Près d'une tribune pour le muphti, du côté de la Mecque, s'enfonce une vaste niche, surmontée d'un dôme à jour où la lumière ne pénètre qu'à demi par des verres coloriés. Il part de là comme un feu d'artifice, sculpté à jour, de mosaïques, de festons, d'arabesques, d'inscriptions, de fleurs, de broderies, de rosaces, de découpures, de rubans, de dentelles, de feuillages, en or, en émail, en peinture, qui va mourir sur les murs voisins en étincelles éblouissantes. Ces décorations sont splendides mais un peu uniformes parce que le Koran prohibe la représentation des êtres animés.

En sortant je me suis trouvé dans une vallée d'une lieue semée de tombeaux, de marabouts et de cèdres. Il y avait, autour de la fontaine où l'on lave les morts, des femmes arabes qui mangeaient des gâteaux, enveloppées de leurs voiles blancs. Elles s'enfuirent à ma vue, comme une volée de pigeons. Alors il me sembla que j'avais troublé des ombres en peine ; je ne sais quelle crainte me prit et je m'éloignai à grands pas. Bientôt, après avoir traversé des vergers plantureux, des eaux magnifiques, des champs de blé, de maïs et de coton superbes, mon regard ne rencontra plus qu'une suite incommensurable de monticules, véritable mer agitée dont les vagues se seraient solidifiées tout à coup avec leurs masses onduleuses et prolongées au-delà de l'horizon. Enfin j'arrivai dans une plaine immense, brûlée par le soleil, sans arbre, sans herbe, nue et rougeâtre. Au fond d'un torrent desséché, on voyait pourtant un laurier rose en fleurs. C'était l'image de mon âme où l'espérance seule n'était pas morte. La fumée de quelques tentes arabes montait derrière, m'indiquant un refuge.

Je vais m'y fixer, loin de la France que je ne verrai plus et de vous à qui je renonce à écrire. Adieu, madame, adieu.

LETTRE XIV

Mme ERLANGES A PAUL D'ORLY

Cher Monsieur,

Je vous avoue que le désir que j'éprouve de vous adresser quelques consolations, est le principal motif de ma célérité à répondre à votre lettre de ce matin.

Vous êtes triste, cher monsieur, découragé et prêt à jeter, comme on dit, le manche après la cognée.

La faute en est à votre éducation de luxe qui, en vous éloignant de prendre une profession et en vous dégoûtant des plaisirs du monde, vous fait tomber dans tous les excès que comporte votre nature, tels que la rêverie, l'amour et les arts.

Vous avez si bien deviné votre mal que vous y avez cherché un remède d'abord dans les voyages, convaincu que la nouveauté du pays et des hommes vous distrairait et qu'en changeant de lieu, le cours de vos idées changerait aussi.

C'est dans l'isolement de la vie sauvage que vous vous jettez aujourd'hui : de fièvre en chaud mal. La solitude est bonne aux uns, mauvaise aux autres. Laissez-moi vous dire qu'elle ne vous vaut rien. Les spectacles de la nature, qui portent l'âme à la contemplation, achèveraient de vous perdre. Les transports d'admiration que vous arrache l'existence des Arabes ou le paysage de l'Algérie je ne les blâme pas, mais expédiez-les.

Vous avez besoin de la société pour vous faire sortir de vous-même et vous aiguillonner ; mais ce ne serait pas assez. Un état vous est plus utile encore. Une belle voie s'ouvre devant vos pas. Rendez-vous capable de la suivre par de fortes études de politique et d'économie.

L'Algérie, à la façon générale dont il en est parlé dans tous les journaux, me semble peu connue. Apprenez-la et, si vous m'en jugez digne, envoyez-moi vos observations sur ce pays.

Je vous vois déjà, grâce à une douzaine de bons rapports au gouvernement, d'inspecteur de colonisation ici, devenir consul ailleurs. Alors quand vous aurez cette position ou quelque autre que vous êtes en droit d'attendre, tout ce que vous souffrez aujourd'hui vous paraîtra bien faible.

Voyons, rentrez dans une ville française, et travaillez avec courage. Surtout ne laissez pas votre généreux caractère s'amoindrir dans la pensée que vous êtes moins heureux que vous le méritez : tout passe et tout change : vous le savez comme moi.

Mais je vous ennuie et, pis que cela, je vous sermonne. C'est que je m'intéresse à vous d'une manière si vraie que j'ai voulu vous dire tout ce que j'avais sur le cœur.

Après vous avoir tant grondé, il faut vous remercier de m'avoir écrit en arrivant. Mais je le méritais un peu.

LETTRE XV

M. D'ORLY A Mme ERLANGES

Merci de votre bonne lettre, madame. Elle n'est pas signée, sans doute par coquetterie. Comment se méprendre en effet sur votre style : Dieu ne fit pas mieux l'homme à son image.

Vos conseils m'ont convaincu. Aussi ai-je accepté ma place. Toutefois, comme vous voulez que j'habite une grande ville, il me fallait un congé. Le général, auquel je suis allé le demander, m'a dédaigneusement répondu « qu'il m'engageait à le prendre le plus long possible, » tout en me l'accordant de six mois.

J'ai été conduit à Alger par un navire qui, sous prétexte qu'il fait partie de la marine impériale, ne transporte que les lettres, les militaires et les fonctionnaires, ne tolère les voyageurs qu'aux secondes places, refuse les colis et les échantillons, sans égard pour le commerce, l'agriculture, l'industrie et la colonisation.

Je vais donc me mettre à étudier l'Algérie. Un publiciste qui depuis vingt-cinq ans écrit, au jour le jour, l'histoire du monde avec autant de conscience que de talent, M. Alloury, avouait dans un de ses derniers arti-

cles des *Débats*, qu'il savait peu de chose sur ce pays :
l'Algérie est en effet inconnue des uns, peu connue des
autres, méconnue du reste. Elle a pourtant fait naître
assez d'observations, d'esquisses, de rapports, d'aperçus,
de coups-d'œil, d'essais, de considérations, de relations,
de mots, de documents, de commissions, de physiolo-
gies, d'histoires, d'études, de tableaux, d'indicateurs
et d'impressions de voyage depuis Jérémie] (*) jusqu'à
Dumas.

Il faut peut-être accuser de cette obscurité les auteurs
comme trop sérieux ou trop légers, ignorants ou officiels,
et le public comme distrait.

Les récits des soldats libérés et les plaintes des colons
retournés en France ne sont pas faits pour éclairer l'opinion publique. On ne doit guère tenir plus compte des
itinéraires et des guides à la douzaine, qui taillent la
route d'Oran à Mers-el-Kebir dans le marbre, et qui pla-
cent des fabriques d'armes à Tlemcen.

A peu d'exceptions près, les études de quelques grands
publicistes sur ce pays n'ont profité, sans doute à cause
de leur élévation, qu'à ceux qui n'en avaient pas besoin,
selon l'usage. Les gens du monde, se figurent l'Algérie
par l'affaire de Doineau et les chasses de Gérard. Toutefois on pourrait se fier aux décrets publiés au *Moniteur*,
s'ils n'indiquaient pas plus souvent ce que le gouvernement veut qu'on fasse que ce qu'on fera.

Vous voulez que je vous apprenne ce pays. Ce rôle de
vulgarisateur, qui me séduit, ne m'abuse pas. Le plaisir

(*) Chap. IX, §§ 25 et 26.

de le jouer auprès de vous m'empêche de sentir combien le talent me manque et quel travail me sera nécessaire pour y parvenir dignement, mais le désir de vous plaire me donnera le courage et la certitude du secret m'en facilitera les moyens. Je crains que mes lettres vous ennuient, non à cause du côté politique des sujets, mais de leur côté nouveau. Vous m'avez souvent dit que les dames n'aiment à écouter qu'elles, et à apprendre que ce qu'elles savent le mieux. Pauvre Algérie ! pauvre correspondant !

Néanmoins je vais me mettre à la besogne et vous écrire sur tout, à la condition que vous me répondrez quelquefois, pour m'encourager à continuer.

LETTRE XVI

GEORGES SIMONIN A JULES ERLANGES

Mon cher ami,

En parcourant le pays, en voyant ce peuple et ces mœurs, il m'a semblé voir là un grand aliment pour mon activité.

La réputation des bureaux arabes ne m'a point arrêté : ils sont sans doute calomniés comme tout ce qui est utile.

Quant au capitaine, que la presse a voulu faire passer, en France, pour un voleur et un assassin, et, en Afrique, pour le type des employés aux affaires indigènes, il a empêché, par toutes sortes de moyens, des milliers d'Arabes de passer à l'ennemi. L'Espagne, chez laquelle il a trouvé accueil, lui doit peut-être l'heureuse issue de la guerre du Maroc.

Mais, sans parler des services que cette administration a rendus, la plus forte preuve de son excellence, c'est que tous les officiers supérieurs de l'armée y ont passé. Il faut avouer alors qu'elle est bonne, ne fût-ce qu'à faire parvenir ceux qui l'ont servie.

Je vais adresser une demande pour y entrer. Regarde donc autour de toi, si tu ne connaîtrais pas quelqu'un qui m'appuyât.

Il m'a été impossible de trouver le jeune ami de ta tante. Du reste rien n'a été plus facile que de m'en consoler. Il ne pouvait m'être d'aucune utilité. Les inspecteurs de colonisation n'ont ni influence, ni importance. Leur rôle consiste à dresser des statistiques agricoles, commerciales ou industrielles ; et voici comme. Une fois par an, ils montent à cheval, vont chez le plus gros fermier de leur canton, lui demandent combien il a de blé, de coton, de tabac et de bêtes à cornes, le notent sur des feuilles imprimées, boivent un verre d'absinthe avec lui et se retirent. Les colons ne le revoient plus, jusqu'à ce que le ministre ait besoin de quelque autre renseignement. J'en ai rencontré un qui était chargé de savoir combien il y avait, dans son district, de fiente de chauve-souris.

Néanmoins, il faut que leur service soit bien utile, car leur traitement est de quatre à cinq mille francs. Aussi ce sont le plus souvent des hommes de lettres en retraite, ou des fils de famille au vert, sinon l'un et l'autre. On les nomme inspecteurs de colonisation, parce qu'ils inspectent peu et qu'ils ne connaissent pas la colonie.

LETTRE XVII

PAUL D'ORLY A Mme D'ERLANGES

Chère Madame,

Vous m'avez demandé d'étudier l'Algérie et de vous communiquer les notes que je recueillerais. Prenez garde, les commencements d'une science ne sont jamais agréables.

Je vais vous décrire notre colonie en quelques lignes, car il faut connaître les lieux pour bien comprendre ce qui s'y passe.

Les géographes arabes l'ont surnommée « l'île occidentale. » En effet, sa position entre la Méditerranée, l'Océan et le Désert lui donne, à vol d'oiseau, l'apparence d'une véritable île montagneuse entre deux mers, l'une d'eau, l'autre de sable.

Toutefois elle est bornée par une rivière marocaine aplée le Kiss. Je regrette que nous ne nous étendions pas jusqu'à la Moulhouia, comme faisaient les Turcs, nos prédécesseurs dans le royaume de Tlemcen. Outre que ce serait une protection pour nous, l'abandon de cette frontière nous prive du commerce du Soudan et nous empêche de dominer les routes du Sahara jusque sous le méridien de Mostaganem. Comme les échanges entre le Maroc et l'Algérie ont lieu par le Désert, il importe de ne pas laisser cette voie sous la tutelle exclusive du Muley.

Je vous ai dit que le pays était limité au sud par le Désert, c'est par notre maladresse commerciale qu'il faut dire. Car si nos armées se sont arrêtées naturellement là, nos agents consulaires pourraient s'avancer dans les oasis du Soudan, où les Anglais en ont placé avec audace.

A l'intérieur, l'Algérie se compose de montagnes et de vallées arrosées par quelques rivières dont pas une n'est navigable, ce qui empêche l'essor du commerce et de l'industrie. Les villes françaises sont au bord de la mer ou dans les plaines. Les tentes arabes sont dans les contreforts de l'Atlas. Les peuples dépendent-ils des lieux ou les cherchent-ils suivant leur génie? Je ne sais, mais il me semble qu'on peut connaître un peuple par son pays.

L'Afrique française se divise en trois grandes zones, le Tell, le Sahel et le Sahara. Le sol y est très-varié et la couche végétale fort épaisse.

Sa disposition indique assez qu'elle a été le bassin d'une mer dont l'eau s'est retirée. La quantité de coquillages et de laves qu'on rencontre est l'indice d'anciens volcans. Les tremblements de terre, en outre, sont fréquents ici, quelquefois épouvantables, mais la plupart du temps très-petits. Je m'étonne que les catastrophes d'Oran, de Blidah et de Philippeville ne déterminent pas les

Algériens à construire des maisons plus basses. Il y a là sans doute une des raisons pourquoi les Arabes vivent sous la tente.

C'est néanmoins une belle acquisition que ces cinquante millions d'hectares, environ l'étendue de la France, à une latitude égale à celle de la Sicile et de la Caroline.

A la vue de toutes les rivières et de toutes les montagnes qui descendent vers le nord, de tant de peuples européens venus en Algérie, des Romains aux Maures d'Espagne, par la fable, l'histoire et la géologie, le nord de l'Afrique paraît le sud de l'Europe, et la Méditerranée est moins une mer qu'un lac, et peut-être un lac français.

Madame, je n'ai pu être plus court ; mais il me semble que vous me pardonnerez, si vous préférez la docilité à la galanterie. Je crains pourtant que le moyen de vous obéir n'ait été celui de vous ennuyer.

LETTRE XVIII

M. SIMONIN A M. ERLANGES

Monsieur,

Dans la dernière conversation que j'ai eu l'honneur d'avoir avec vous, je me rappelle que vous avez manifesté le désir de connaître le total de la population de l'Algérie. C'est un bonheur pour moi de pouvoir vous le dire, d'après un homme bien informé.

Arabes des tribus.	1,300 000
Arabes des villes.	122 000
Arabes des Montagnes ou Kabyles.	1,000 000
Turcs du Kouroughi.	8 000
Nègres.	70 000
Israélites.	30 000
	2,530 000

Je ne vous garantis pas ce chiffre qui a varié constamment depuis 1830 et qui s'affaiblit tous les jours. Trente ans de guerre ont pu contribuer à la dépopulation. Toutefois, s'il est exact qu'elle soit de moitié, on doit l'attribuer à d'autres causes. J'accorde que les indigènes diminuent surtout dans les villes ; rien n'est plus simple à expliquer pour celles de la côte. Avant notre arrivée, ils y vivaient de la piraterie que nous empêchons et du commerce auquel nous faisons une concurrence ruineuse. Celles de l'intérieur se dépeuplent parce que, tel qui, autrefois, vivait du revenu de sa maison, en est fort empêché depuis que notre présence a quadruplé le prix des denrées. Mais il vend et se fait cultivateur ; il quitte la ville pour la campagne, ce qui est un bien. Pourquoi dire qu'il émigre dans le sud ?

Du reste, la somme des colons augmente un peu à chaque recensement. Le progrès est faible, parce que la plupart sont des célibataires qui évitent d'avoir des enfants, ou des gens mariés qui en ont de chétifs.

Le dernier dénombrement a donné 192,746 âmes dont 112,229 français et 80,517 étrangers.

Pourtant si l'on ajoute à ces Européens les indigènes, la population flottante, l'armée, les Marocains et les Tunisiens, l'Algérie reste dix fois moins habitée que l'Amérique.

Certes, j'ai été frappé que, plus d'un quart de siècle après notre occupation, elle ne le soit pas davantage. J'ai peut-être encore été plus étonné de voir combien de peuples se trouvent ici, et surtout combien les émigrants attendent une concession.

LETTRE XIX

GEORGES SIMONIN A JULES ERLANGES

Mon cher ami,

Quand un voyageur arrive en Algérie, rien ne le frappe plus que la diversité de costume et de couleur des habitants; celle de leur caractère est plus profonde encore.

Dans la plaine, au pied d'un palmier, à quelques pas de sa tente, enveloppé d'un bernouss, l'Arabe garde les chameaux et les moutons, en songeant au moyen de manger du couscouss, de posséder un cheval, de faire *parler la poudre* et d'avoir une femme pour le servir; du reste, incapable du moindre effort qui le lui procure, car, dit-il, « mieux vaut être assis que debout, couché qu'assis et mort que couché. » Sa rêverie le porte à l'inaction et sa paresse le déprave; aussi dès qu'il se lève, c'est pour le vol, le plaisir ou a révolte, seuls travaux des paresseux et des rêveurs.

Toutes les montagnes d'Algérie contiennent une population nombreuse désignée sous le nom de Kabyle. Le type est un gaillard fortement charpenté, à peine vêtu, la tête découverte et rasée, qui, l'été, descend louer ses rudes bras aux habitants de la plaine et l'hiver remonte s'adonner avec intelligence à la culture des oliviers et à la fabrication des armes. Sa journée faite, il rapporte l'argent de son travail à son *gourbi* où l'attendent quelques figues trempées dans l'huile que lui a préparées une brave ménagère. Dans l'ombre brille bien un fusil, mais ce n'est que pour défendre son honneur et ses amis.

Cet homme à la peau blanche, à l'air inoffensif, orné de toute sa barbe coupée sous la gorge et qui porte un turban, c'est un Maure. Il se tient, tout le jour, les jambes croisées, au fond d'un petit rez-de-chaussée qui lui sert de salon, de boutique et d'observatoire, recevant ses amis et ses pratiques, voyant ce qui se passe et débitant ses comestibles, ses étoffes ou ses nouvelles. On se croirait à Constantinople, en voyant le costume de quelques hommes nés ici avant 1830, des Turcs et des femmes arabes. Ils sont en petit nombre. Mais, comme fils d'anciens maîtres, ils ne sont pas aimés, aussi se sont-ils ralliés à nous ; comme fils de pirates, ils sont très-intelligents, c'est pourquoi la France en a fait de bons agents de police et d'excellents magistrats, tel que Si-Hamida d'Oran.

Domestiques pour ne pas dire esclaves chez les riches indigènes, soldats dans les tirailleurs algériens, aides de nos maçons, commissionnaires sur les places, et masseurs dans les bains ; voilà les nègres. Ils ont le même vêtement que les Arabes, leurs mœurs, leur religion, leur langue, tant bien que mal. Du reste, d'un caractère extrême, très-bons ou très-mauvais, quelquefois rampants et astucieux, mais d'ordinaire travailleurs, doux et dévoués.

Partout où il y a à gagner, dans les villes, dans les villages, dans les douars, dans les bordjs, dans les oasis, on trouve des Juifs se faisant tout à tous, pour exploiter chacun. Ils ont pris à l'Arabe son bernouss et sa malpropreté, au Turc sa veste et son pantalon, au Kabyle son avarice et sa sobriété, au Maure son goût du commerce et sa lâcheté ; ils voudraient prendre au Français les avantages de sa nationalité en gardant leurs priviléges civils et religieux.

Devant les cafés, en habits noirs et en pantalons rouges, des commis-voyageurs et des sous-officiers trinquent ensemble, les uns désirant une toute petite révolte pour mériter la croix, les autres demandant des chemins de fer d'Alger à Tombouctou pour vendre leurs marchandises aux femmes des Touaregs. Plus loin, des colons qui ne peuvent pas s'empêcher de prendre leur vermuth le matin, leur café à midi, leur absinthe avant souper et le soir d'aller au spectacle ou au bal. Le reste du temps, ils labourent une redingote sur le dos, une pipe à la bouche jusqu'à ce qu'ils tombent dans la misère en disant : « C'est la faute de l'État, » pour lui apprendre à intervenir en tout et partout.

En Afrique, si l'on veut monter en diligence, courir sans danger au galop le long des précipices ; si l'on veut faire arracher des palmiers-nains, manger des légumes, respirer des fleurs ou peupler la colonie ; si l'on veut des émigrants acclimatés, sobres, contents, laborieux, économes, amis de la famille, dévots, on doit prendre, à l'est les Italiens et les Maltais aptes à toutes les langues pour demander à toutes les nations la fortune que leur patrie leur refuse ; à l'ouest, les Espagnols de l'ingrate province d'Alicante, travaillant dès le matin, drapés dans leur couverture de laine bleue et blanche, le sombrero sur la tête, en attendant le soir pour pincer de la guitare sur le pas de leur porte où les femmes dansent aux castagnettes.

Ça et là surtout aux postes les plus avancés, on rencontre de grands flandrins d'Allemands qui se croient encore dans leur pays et qui piochent à l'ardeur du soleil. Quand ils sont épuisés, ils boivent des liqueurs et mangent du porc pour se refaire, et leur santé s'en va. Le pis est que tous sont assez instruits pour écrire chez eux le malheur qui leur arrive et presque tous trop ignorants pour dire la véritable cause de leur mauvais succès.

Il suffit, pour achever ce dénombrement, d'ajouter quelques Suisses industriels, quelques mercantiles Anglais de Gibraltar.

Agite devant tes yeux tous ces peuples divers, fais-les aller, venir, boire, manger, travailler, vivre enfin avec leurs costumes, leurs habitations, leurs physionomies et leurs goûts divers, et tu auras le kaleidoscope de l'Algérie ; peut-être auras-tu aussi quelques motifs du peu de progrès que fait ici le peuplement, malgré la chaleur du climat, la polygamie, la nourriture poissonneuse et le nombre de filles qui viennent y avouer une faute.

LETTRE XX

PAUL D'ORLY A Mme D'ERLANGES

Chère Madame,

Il y a deux mois que j'habite Alger et tout ce que j'y vois m'inspire un véritable dégoût ; pourtant c'est peut-être la ville la plus curieuse du monde. Une fourmilière peut seule en donner l'idée.

Les rues sont pleines de gens qui vendent, qui achètent, qui courent, qui chantent, qui travaillent, qui mendient, qui intriguent, qui touchent des bœufs, suivent des chameaux, fouaillent des cochons, conduisent des chevaux, traient des chèvres, montrent des singes, jouent de l'orgue, sonnent de la trompette, battent du tambour, parlent de la bourse, offrent du charbon, portent des bagages et louent des femmes, le tout à volonté.

Je m'étonnais de trouver une pareille vie à deux jours d'Europe, dans un pays né d'hier. Le substitut du procureur impérial, M***, qui est un homme d'honneur et d'in-

telligence me dit : « Prenez-garde que cette ville est
« composée de gens de toutes les nations voisines qui ont
« une fortune à réédifier, une tache à faire oublier, un
« nom à cacher ; et vous vous expliquerez le mouvement,
« l'industrie, et l'empressement qu'ils mettent pour se ré-
« habiliter auprès de leur famille, de leurs enfants, de
« leurs créanciers, de leur patrie ou de la société, habiles
« comme le vice, ingénieux comme le repentir. C'est
« l'écume de toute la Méditerranée.

« Il y a quelques années, Monsieur, si la justice avait
« rempli son devoir, elle aurait fait sortir cinq cents per-
« sonnes d'Alger et aurait écrit sur ses portes fermées
« le mot de *prison*. Les conseils de guerre et les tribu-
« naux auraient eu de quoi juger jour et nuit jusqu'à
« la fin sans trouver un seul innocent. L'armée était rem-
« plie de concussionnaires et l'administration d'employés
« qui désiraient l'être ; le commerce était sans foi, la
« magistrature sans tenue et les femmes à la hauteur du
« climat qui est brûlant.

« Force fut d'avoir de la tolérance. Aujourd'hui la po-
« pulation s'améliore et déjà l'on voit s'éteindre la race
« des premiers colons.

« Toutefois, la société ne ressemble pas encore à celle
« de la métropole et ne possède aucun de ses agréments.
« On n'y cultive pas les arts, faute de loisirs ; loin des
« événements et des nouvelles, l'indifférence la plus pro-
« fonde règne en politique ; les relations sont, comme
« entre gens isolés ou exilés, très-faciles ; mais si affables
« qu'elles soient, elles n'ont le temps de devenir ni amitiés,
« ni même habitudes, entre des militaires en garnison et

« des bureaucrates prêts à tout déplacement pour avancer.
« Ceux qui ont le temps de se réunir le soir sont ici de-
« puis peu et se connaissent mal. Enfin la famille n'existe
« pas : car pourquoi se mettre en ménage dans un pays
« où l'on ne veut pas rester ? Quelques-uns, fixés par leur
« fortune, ont un intérieur, mais ils ne vous y admettent
« pas, soit parce qu'ils n'ont que des maîtresses, soit parce
« que les maris n'aiment pas les célibataires.

« Vous comprenez de reste, s'il y a une société possible
« avec de tels éléments. Aussi les lieux les plus fréquen-
« tés sont-ils des endroits neutres, comme les bals où l'on
« vient enlever des femmes, les cafés où l'on va boire,
« les théâtres qui sont l'écho de ceux de Paris, des cer-
« cles où l'on joue comme entre gens qui ne se connais-
« sent pas.

« En présence de ces attraits, les réunions à la française
« auraient eu peu de charme. Pour lutter, certains géné-
« raux, préfets ou intendants ont donné des soirées intimes
« où l'on va en redingote, des bals par souscription où tout
« payant est reçu, des réunions priées où l'on boit en
« dansant, où l'on fume en jouant, où rien n'est épargné
« ni l'odeur du tabac, ni le vin de champagne, ni l'argent
« des hommes, ni la vertu des femmes. Telle est la situa-
« tion de l'Algérie. Le temps seul peut l'améliorer.

— « Pardon, dis-je à mon interlocuteur.

— « Comment cela ?

— « Avant de quitter Paris, comme j'avais oublié de
« faire provision de gants, j'écrivis à mon parfumeur de
« m'en envoyer une boîte. Ceux que je reçus étaient de
« belle apparence, mais tous avaient un défaut, ils étaient

« piqués, avariés, découpés ou mal taillés. On les appelle
« dans le commerce des *gants pour l'Algérie.*

— « Prétendez-vous que l'État ait ses gants pour l'Algé-
« rie et qu'il nous envoie ses magistrats fautifs, ses mau-
« vais militaires, ses administrateurs véreux, ses indus-
« triels ruinés et ses prêtres faciles.

— « Loin de moi une telle supposition. Je dis que le
« commerce a tort d'exporter ici ses marchandises de qua-
« lité inférieure, car, outre qu'elles en donnent une dé-
« testable opinion, elles gâtent les autres. Je souhaite que
« Dieu vous préserve des *gants pour l'Algérie* de mon
« parfumeur.

— « Et nous des *gants pour l'Algérie* de l'Etat. »
Nous nous séparâmes fort bons amis.

J'ai depuis fréquenté, à Mostaganem, le digne neveu de
M. Rouher, M. Taravant ; à Mascara, le chef du bureau
arabe, M. Moriot ; à Oran, le procureur impérial, M. de
Thevenard ; à Ain-Temouchen, le commissaire civil,
M. Payen; ailleurs, le capitaine Berthelin, le président Pa-
tras, le colonel Lebreton, l'avocat Ronsin et le notaire de
Bregeas. Ils sont les plus honnêtes et les plus aimables
gens du monde, le cœur sur la main, et la main dans la
vôtre, mais au milieu de la société algérienne ce sont des
oasis.

Adieu, chère Madame. Vous voilà quitte de moi ! Il en
est temps.

LETTRE XXII

M. ERLANGES A M. SIMONIN

Cher Monsieur,

J'apprends avec peine que votre affaire ne marche pas plus vite. Croyez que je vais aller aujourd'hui même au ministère demander des explications sur ce retard et tâcher qu'il ait un terme.

Vos inquiétudes me touchent, et j'y prends si bien part que je m'étonne qu'elles vous aient permis de penser aux renseignements que je désirais avoir. Aussi dorénavant, chaque fois que vous aurez à m'écrire pour vous, je vous prie d'y joindre pour moi ce que vous saurez sur l'Algérie: Vous m'obligerez infiniment.

La colonie d'Afrique m'intéresse à tous les points de vue.

Et d'abord, pour répondre à votre lettre, je ne suis pas surpris des variations dans le chiffre de la population ; le dénombrement a toujours été défendu chez les peuples anciens, et vous avez vu dans la Bible que David fut châtié pour avoir fait celui de son peuple.

On sera longtemps sans connaître le chiffre exact des Arabes. Les peuples primitifs ne tiennent ni acte de décès par égard pour la douleur des parents, ni acte de naissance par respect pour les mystères de la famille et pour se dérober à l'impôt. Nous avons beau y astreindre les Arabes, ils continueront d'habiter, contrairement aux peuples civilisés et libres, les montagnes et les bois dans la crainte des indiscrets, des voleurs et du gouvernement.

Quant au peu d'accroissement de la population européenne, elle procède de causes toutes simples : les peuples émigrent peu en Algérie, parce qu'elle est trop près, parce qu'on sait trop ce qui s'y passe, que l'Etat ne favorise guère l'émigration des Français, que les conseils généraux y mettent des empêchements, qu'on n'attire par aucune publicité ni faveur les étrangers, enfin parce que les colons ne sont pas maîtres de s'y ruiner à leur guise.

Je ne partage pas votre avis sur la variété de la population. Au temps où nous vivons, la facilité des communications entre tous les pays, une meilleure entente de l'économie politique, devaient amener cette fusion des peuples et ce cosmopolitisme des colonies si profitable à chacun.

J'aime à voir que le fait se soit produit pour la première fois en France, ce pays d'initiative et de progrès.

LETTRE XXIII

PAUL D'ORLY A Mme ERLANGES

Madame,

Il y avait, au retour du printemps, qui était le commencement de l'année chez les Hébreux, un repas où tout le peuple assistait debout, la ceinture aux flancs et le bâton à la main. C'était un emblème que l'homme n'est qu'un voyageur sur la terre. Depuis, nous avons eu l'immortelle légende du Juif errant.

Des maîtres en histoire naturelle (1) et en linguistique (2) viennent de démontrer, malgré le dix-huitième siècle et M. Agassiz, l'unité de notre naissance sur les hauts plateaux de l'Asie.

(1) M. de Quatrefages, *Unité de l'espèce humaine.*
(2) Fra Paolino, Fred. Schlegel, Bopp, Eichhoff, etc.

Que, suivant l'épopée mosaïque ou l'indienne, on mette cet unique berceau à la source de l'Euphrate, ou à celle du Gange, à peine né, Adam le quitte.

Ses enfants s'en éloignent encore, et ses neveux se dispersent davantage.

Sem, après avoir vagué dans l'Arabie, s'élève vers la Chaldée, arrive en Phénicie et fonde Tyr.

L'autre descend jusqu'à l'Indus, revient chez les Mèdes, va en Arménie, bâtit Suse et Persépolis.

Le troisième quitte les solitudes persiques pour le Nil qu'il remonte, crée Thèbes et Memphis.

Le berceau du monde n'était qu'agrandi. L'homme errait dans la grande plaine faite par le Taurus, les monts Lybiques, le désert et les contreforts de l'Hymalaya. C'était pour étouffer.

Merkarth, dit l'Hercule tyrien, construit le premier vaisseau, le monte et va en Cilicie, en Espagne et en Gaule. Inachus d'Égypte aborde en Grèce, Danaüs et Deucalion, fils de Japhet, l'imitent ; les Phéniciens s'y portent en foule. Il semble que ce soit le rendez-vous spécial de l'humanité pendant dix siècles.

Cependant, quelques Pélages et quelques Illyriens avaient poussé vers des contrées plus lointaines. Énée, las de courir les mers avec ses compagnons d'infortune, arrive enfin en Italie, et sa grande postérité s'assied sur les bords du Tibre.

Les traditions indiennes, hébraïques et grecques jouissent de ce singulier privilége, que les faits qu'elles racontent, lorsqu'elles ne satisfont pas l'historien, contentent presque toujours le philosophe.

Les temps fabuleux passés, les annales nous montrent les peuples encore en train d'émigrer.

Les montagnards du Taurus ne pouvant, faute de vaisseau, passer la Propontide, montent en Colchide, traversent le Caucase, suivent le Don, se répandent en Norwége par le Wolga, descendent en Bretagne et en Gaule, entourant l'empire romain d'une ceinture qui se resserre avec le temps.

Dès que Byzance ne les contient plus et que Constantin retire ses légions du bord des fleuves, c'en est fait. A l'est, ils sortent du Palus Méotide, de la Caspienne et de l'Euxin et s'avancent à travers la Thrace et la Thessalie. Au nord, ils s'échappent de leurs forêts et descendent de leurs montagnes. Tous partent en même temps : Huns, Goths, Wisigoths, Ostrogoths, Avares, Mains, Vandales, Hérules, Suèves, Lombards, Bourguignons et Saxons : c'est une avalanche. Elle entraîne avec elle l'empire d'Orient et celui d'Occident, couvre d'écume l'Italie, la Grèce, la Gaule, l'Espagne, et ne se perd qu'au-delà de la Méditerranée, en Afrique, dans les sables du Sahara, où les Touaregs en offrent les débris encore agités.

Après cette révolution, les peuples s'arrêtent un moment, et l'Europe se reconstitue. Mais on dirait que l'humanité s'est assise moins par lassitude que faute de savoir où aller. En effet, à peine Robert Guiscard donne-t-il le mouvement, que Pierre l'Hermite la trouve prête à partir. Bientôt elle s'ennuie de fouler le même monde. Le Portugal fuit aux Açores, au Congo, aux Indes. Colomb découvre un nouveau continent, et les Espagnols s'y précipitent. La Hollande, à son tour, va aux Indes et à Surinam. Enfin, les Français, quoique l'Angleterre leur dispute le terrain avec avantage, abordent en Amérique, en Asie, en Océanie et en Afrique.

Les guerres de l'Empire, qui déciment les hommes, suspendent un moment l'émigration, mais 1815 rétablit la paix du monde et licencie les troupes, qui tombent dans la misère.

Surviennent la révolution de 1848, la découverte de l'or de la Californie et la réforme anglaise en Irlande. Dès lors l'Europe se remet en marche ; mais les malheureux et les aventuriers seuls y prennent part. Tristes processions d'Allemands, de Suisses, de Maltais, de Grecs, d'Anglais, de Suédois, de Français, d'Italiens, qui sortent chaque année de leur pays, pour se rendre dans l'univers, comme s'ils voulaient absolument accomplir l'ordre du Créateur à leur père : « Croissez, multipliez-vous, remplissez le monde et vous l'assujettissez. »

Et ce n'est pas un effet du hasard. Le premier qui émigra, ce fut le premier homme. Il le faisait sous le coup d'une faute : Dieu l'avait chassé de sa patrie pour sa désobéissance. Cette raison est devenue la plus commune : les Grecs et les Romains déportaient les coupables, l'Angleterre a imité cet exemple, que nous avons suivi.

Quand la consommation des habitants dépasse la production du sol, il y a un autre motif de changer de lieu ; Abraham en est le plus vieux modèle.

Les Hycsos, proscrits d'Égypte à la suite d'une guerre civile, ouvrent une liste qui ne se fermera pas avec le grand nom de Dante le Gibelin.

Les persécutions religieuses, depuis la fuite de Moïse

jusqu'à la révocation de l'Édit de Nantes, sont peut-être les plus fécondes en émigrants.

Le désir du lucre et l'amour de l'or ont attiré loin de leurs pays d'autres peuples que les Phéniciens et les Espagnols.

C'est le manque d'unité nationale qui expatrie les Allemands, les Suisses, les Polonais et, hier encore, les Italiens.

Il faut parler enfin de je ne sais quel besoin poétique qui pousse les peuples à quitter leur pays à la recherche du bonheur.

Quant à l'attrait du climat, l'histoire autorise à le nier, car l'humanité paraît s'éloigner des pays fertiles pour les autres, de l'Asie pour l'Europe, ingrate comme les enfants gâtés.

En considérant aujourd'hui cette diffusion des hommes et les motifs qui l'ont amenée, ne remarquez-vous pas qu'à mesure que les uns augmentent, l'autre diminue. Plus l'humanité progresse, moins elle émigre. On dirait que l'amour de la patrie est un fruit de la civilisation, et que le sentiment de leur nationalité ne vient qu'aux peuples avancés.

LETTRE XXIV

M. SIMONIN A M. ERLANGES.

Monsieur,

Vous êtes trop bon de croire que je puis vous être de quelque utilité. Cependant je ferai de mon mieux. Si mes lettres ne sont pas amusantes comme un journal, comptez qu'elles seront pleines de faits et de renseignements exacts.

L'Algérie est divisée en trois provinces ; chacune l'est à son tour en territoire civil et en territoire militaire.

Le territoire civil comprend le pays dont l'armée ne veut plus, tels que les grands centres et les terres habitées par les colons, c'est à dire tout ce qu'on ne peut administrer sans être controlé.

Le territoire militaire se compose de tout ce que l'armée a pu garder de la conquête de l'Algérie, qu'elle a faite pour elle. J'espère que peu à peu il lui faudra moins de pays pour ses manœuvres et qu'elle en cédera davantage pour la colonisation.

Un général administre l'un, l'autre est administré par un préfet, relevant tous deux d'un conseil général nommé par eux, et composé de Français, de Juifs et d'Arabes, timide et souple.

Cependant l'administration supérieure n'en a jamais abusé, sinon en cas de besoin. Aux termes de l'article 46 du décret d'organisation, le ministre ne peut toucher au budget voté par le conseil général ni le modifier. Celui d'une province, l'an dernier, avait alloué à un employé une indemnité de logement qui ne lui était pas due. Le ministère l'a refusée. Puis, après la même session, dans la même province, suivant le même article, il a accepté une allocation de quinze mille francs, à condition qu'on ne s'en servirait pas.

Toutefois, cette institution peut être et se montre déjà utile à l'émancipation de la colonie. Car on m'a conté qu'un grand chef avait commandé trois cents cartes de visite; l'imprimeur y mentionna sa qualité de membre du conseil général de sa province et les lui livra. Dès le lendemain le Kalifat les rapportait disant : «Grave-m'en d'autres et n'écris dessus que mon nom. » Cette histoire exciterait la pitié, si l'on ne savait de qui vient le coup et quelles gens ont fait honte à cet Arabe d'être membre d'un conseil général français.

LETTRE XXV

GEORGES SIMONIN A JULES ERLANGES

Mon cher ami,

Je suis entré dans les affaires arabes d'hier ; aussi, peux-tu croire que mes renseignements sur les questions indigènes seront d'une exactitude rigoureuse ?

Si je t'écris souvent, ne m'en veux pas, c'est que j'apprends beaucoup de choses nouvelles.

Le territoire militaire de l'Algérie forme trois gouvernements, administrés par des généraux de division, des généraux de brigade, des commandants de cercle, des chefs de bureau arabe et des chefs indigènes, salariés comme militaires et comme administrateurs. Leur principale occupation est de protéger les Arabes contre l'administration civile en général, et de se montrer en particulier les plus galants hommes du monde.

Lamoricière recevait tous les jours lui-même les plaintes des indigènes, un bâton à la main, et celui qui n'était alors que Pélissier demanda plus d'une fois, en riant, aux chefs de bureau arabe, s'ils étaient toujours voleurs dans leur administration. Aujourd'hui, le général ne frappe ses administrés qu'en tournée, lorsque parfois, selon une vieille habitude turque, ils viennent lui offrir de l'argent aux pieds de son cheval, et ne plaisante plus avec ses capitaines depuis celui que J. Favre a immortalisé.

On a beaucoup médit des bureaux arabes. C'est pourtant une institution qui a rendu les plus grands services. Ses employés établissent les rôles d'impôts, les augmentent ou en exemptent, recherchent les biens domaniaux et les louent, indiquent les travaux publics, prescrivent les corvées, dressent la statistique du pays, commandent les *goums*, surveillent le culte, inspectent l'instruction, assistent aux fêtes, président aux marchés, ont la main aux registres de l'état-civil, instruisent les délits, infligent les amendes, assurent la sécurité des routes, contrôlent l'administration des chefs arabes, les font nommer et destituer.

On comprend que, grâce à toutes ces attributions, leur prestige soit plus grand que celui des généraux. Un d'eux, il y a quelques mois, alla visiter, en grand costume, une tribu de sa division. Aucun indigène ne se dérangea même par curiosité. Il s'en plaignit, à son retour, au chef du bureau arabe qui lui dit : « Il fallait me prévenir, mes « administrés ne connaissent que mon uniforme. »

En songeant à tous ces pouvoirs, il m'a d'abord semblé qu'il fallait sans doute pour entrer dans cette administration passer des examens d'arabe et de législation les plus sérieux, sortir peut-être d'une école spéciale. Point. Dès qu'on est officier, une simple demande suffit avec quelque recommandation. Aussi, voit-on des militaires y entrer pour se soustraire à la surveillance d'un colonel, pour avoir une maîtresse, pour porter un vêtement de fantaisie, souvent pour connaître les indigènes. Sauf, quand ils les connaîtront, à retourner à leur régiment.

Du reste, si la besogne des chefs de bureau arabe est lourde et variée, ils ont qui les secondent : pour l'administration les chefs indigènes, kalifa, aga, caïds et cheicks; pour la justice, les cadi ; pour l'observation du culte, les muphti et les imans.

Dans certains cantons de la Kabylie et dans le Sahara, nous ne nommons pas les chefs. Ils reçoivent seulement de nous le bernouss d'investiture et sont plutôt nos tributaires ou nos vassaux que nos sujets.

Autrefois, on choisissait les chefs parmi les familles aristocratiques du pays, parce que les Arabes sont très-aristocrates, mais les révoltes étaient trop faciles à fomenter. Aujourd'hui l'un, ancien secrétaire du plus brave aga d'Algérie, a remplacé son maître à l'exclusion de ses enfants. L'autre est le fils d'un kalifa qui a trahi les Arabes. Il nous a fallu prendre celui-ci, parce qu'il est marabout, quoiqu'il ne soit venu dans une ville du littoral que pour commettre un faux en écriture authentique, et qu'il ait tué son frère. Tout le monde en connaît un qu'Abd-el-Kader fit rouer de coups de bâton comme voleur, et chassa du territoire arabe. Il passa chez nous. Pour récompense, nous l'avons nommé caïd. Telle est notre politique, qui est la bonne, pour avoir des hommes dévoués et incapables de nous nuire.

Toutes leurs fonctions consistent à exécuter nos ordres

avec rigueur, car il ne faut pas attendre d'affection des indigènes ; c'est un proverbe : « L'Arabe est comme la fou-
gère ou l'alpha, prends-la doucement, elle te coupe ; serre-
la forelle te cède. » On les rend responsables de la police
des tribus. Ils doivent en outre s'appliquer à empêcher
leurs administrés de se mêler à nous, dans la crainte
qu'il ne prennent nos vices et qu'ils ne désirent nos institutions civiles, pour lesquelles ils sont si peu faits. Quelquefois la presse algérienne se plaint que l'Etat les paye
peu. Il n'est pas à craindre, quoique cupides et pauvres,
qu'ils pillent leurs sujets, qu'ils demandent des cadeaux,
qu'ils lèvent des requisitions d'hommes ou de mulets
plus fortes que celles ordonnées par le bureau arabe ou
qu'ils en exemptent, qu'ils cachent les fautes et les crimes
moyennant quelques *douros*, parce que nous les surveil-
lons avec le plus grand soin. On leur donne beaucoup de
croix et de cordons de la légion-d'honneur pour les attacher. C'est le seul abus que je trouve dans les bureaux
arabes. Les indigènes ne comprennent rien à l'honneur.
L'un d'eux, au mois de juillet dernier, invité par son général de division à dîner, y vint sans son grand cordon.
Son hôte lui en faisant la remarque, il lui répondit :
« Je ne le porte pas l'été, parce qu'il me tient trop
« chaud. »

LETTRE XXVI

PAUL D'ORLY A Mme ERLANGES

Chère madame,

Le territoire civil de l'Algérie forme trois départements, administrés par des préfets, des sous-préfets, des chefs de bureau arabe, des commissaires civils et des maires: tous nommés et salariés par le gouvernement.

On peut croire que leur principale occupation est de gêner la marche de l'administration militaire. Nul n'obtient de concession de terre ou d'eau qu'eux, leurs amis et les gens de bonne volonté. Du reste, presque tous (je ne dis pas tous, ce serait de la lâcheté), sont ignorants, tracassiers, despotiques, mais innombrables, besogneux et lents. Aussi rien n'explique pourquoi une année sur trois leur compte double pour la retraite.

Qu'importe du reste des préfectures, des sous-préfectures et des commissariats civils plus ou moins semblables à ceux de France. Une seule chose mérite tout intérêt; je veux parler de la commune.

L'Etat, en Algérie, décrète son emplacement, défriche ses terrains, bâtit ses fontaines, ses abreuvoirs, ses églises, ses écoles, jusqu'à ses maisons particulières ; il fait pis, il lui donne son maire et ses conseillers municipaux. On crée de la sorte aux colons une vie artificielle qui les rend paresseux ou les décourage, si elle ne produit l'un et l'autre. Il faudrait les laisser s'établir où bon leur semble et élire au moins leurs conseillers municipaux. Cela les initierait à la connaissance des travaux publics, à la répartition des impôts, agrégerait les populations, ferait disparaître les nationalités, éteindrait les divisions religieuses, enfin développerait en eux l'esprit communal, cette force vive qui a fondé la France d'aujourd'hui et l'Amérique de 1778. C'est le plus sûr moyen de coloniser l'Algérie. Tout pays a besoin d'initiative et de liberté.

LETTRE XXVII

M. SIMONIN A M. ERLANGES

Monsieur,

Il n'y a que peu d'Européens en territoire militaire. Ils y sont sous l'autorité d'un commandant supérieur, d'un commandant de place et d'un chef de bureau arabe. Pour être commandant supérieur, il suffit d'être chef de bataillon de passage dans un centre où il n'y en a pas. A peine a-t-on le temps de connaître le pays qu'on le quitte, sans avoir pu y prendre aucun intérêt. Le commandant de place fait fonction de juge de paix, de notaire, de maire, de directeur de colonie et d'inspecteur de colonisation par délégation. C'est le plus souvent un capitaine qui n'espère plus monter en grade et qui désire, avant sa retraite, être un homme important, c'est-à-dire faire des choses dont il est incapable.

Le chef de bureau arabe protége les rapports des indigènes avec les Européens.

Jamais enfants ne furent mieux garantis.

Un colon fut incendié ; il trouva son coupable et le fit condamner. Quant à l'indemnité, comme il avait affaire à un malheureux, il invoqua que « la tribu est responsable des actes de ses membres. » On lui répondit qu'elle ne l'était qu'à défaut de la découverte du coupable ; puisqu'il l'avait trouvé, qu'il s'arrangeât avec lui. Il fut ruiné.

A Bougie en 185., un colon vint se plaindre que les indigènes le volaient au chef du bureau arabe. Celui-ci voulut le renvoyer sans l'entendre. Il insista pour être écouté. L'autre alors le fit attacher à la queue de son cheval qu'il chargea de le reconduire chez lui. Il y arriva pantelant, mais non mort ; car il cita son assassin devant les tribunaux qui l'absourent.

Le génie militaire, chargé des travaux publics en territoire arabe, n'est pas plus aimable. Je connais un village où la rivière est saumâtre. Il y a fait un puits, dont l'eau est potable, mais il ne veut pas laisser les colons y puiser. Ce travail a pourtant été payé par l'État qui considère autant les colons que le génie.

Tous ces faits n'encouragent pas à venir habiter en territoire militaire.

LETTRE XVIII

GEORGES SIMONIN A JULES ERLANGES

Cher ami,

On prétend qu'il est très-malaisé à un Arabe d'habiter en territoire civil, et que l'administration indigène y met beaucoup de difficultés, sans quoi il n'y aurait bientôt plus de territoire militaire.

Ce serait s'abuser, que de croire qu'aucune formalité, imposée à ce changement, soit difficile à remplir; car il suffit d'avoir une autorisation de son aga, un certificat de bonne vie et mœurs délivré par l'autorité locale, d'abandonner son droit dans la distribution des terres de la tribu et d'acquitter ses impôts avant de partir. Jamais aga n'a obéré d'amendes un de ses administrés qu'il savait désireux de le quitter, jamais les bureaux arabes n'ont tâché par des violences d'en faire revenir un seul.

Je demandais à un indigène la différence qu'il y avait des bureaux arabes civils institués près les préfectures et les sous-préfectures avec les bureaux arabes institués près les divisions et les subdivisions. « Petits bureaux, « grands bureaux, » me répondit-il.

En effet les indigènes, pas plus sous un régime que sous l'autre ne sont libres ni exempts de corvées, et leur sort est le même en territoire militaire qu'en territoire civil. A cela près que, dans celui-ci, ils n'ont pas de grands chefs, que leurs administrateurs sont contrôlés et qu'ils peuvent jouir des bénéfices de la loi française; c'est tout un.

LETTRE XXIX

JULES ERLANGES A GEORGES SIMONIN

Mon cher ami,

Je te félicite d'être entré dans les bureaux arabes, puisque c'était ton désir, et que, grâce à cette position, tu vas pouvoir me raconter bien des chose inconnues.

Tes courriers sont pour moi les plus agréables du monde. Ils m'arrivent le jeudi et me servent de lecture pendant la promenade.

Continue donc à m'écrire et à me pardonner, si je suis en retard avec toi. Tout en faisant ma philosophie, je me prépare au baccalauréat.

Dis-moi tout ce que tu vois et entends.

Adieu, au revoir. Je te serre la main.

LETTRE XXX

M. SIMONIN A M. ERLANGES

Monsieur,

Je vous remercie mille fois de m'avoir donné l'idée de venir ici. Tout ce que je vois m'étonne et me charme.

En plein mois de janvier, je suis allé au marché, dans un des faubourgs de la ville. Il était vraiment fourni d'une façon extraordinaire, malgré la sécheresse dont les colons se plaignent. Le soleil brûle déjà tout; que sera-ce en juin? J'ai vu exposés en vente, à bas prix, des asperges, des artichauts, des cardons, des pommes de terre nouvelles, des petits pois et des salades d'été. Ceci, est le marché français.

A la porte de la ville, se trouve le marché indigène dont le plus fréquenté est celui du vendredi, jour férié des Arabes. A droite se tiennent les chameaux portant de la paille hachée, des ânes portant du bois, des mulets portant du blé, des vaches portant du lait, des Arabes portant du charbon, et des Kabyles portant des outres d'huile et de miel. A gauche, sont des marchands d'oranges, de grenades, de citrons, d'olives, de cédrats et de figues tardives, avec lesquelles on fait de la boisson et du pain. Ce ne sont pas là les halles de Paris, mais c'est plus varié.

Il y avait un grand concours de monde et un commerce fort considérable. Tout m'a paru s'y passer honorablement. J'avais tant de fois entendu dire d'un voleur ou d'un marchand déloyal : « C'est un Arabe, » que je voulus en avoir le cœur net.

— Monsieur, dis-je à un Maltais qui venait d'acheter du blé d'un indigène, est-ce que vous ne craignez pas d'être trompé sur l'objet ou sur le poids, en commerçant avec ces gens-là.

— Non, monsieur, me répondit-il. Voici bien longtemps que je suis en rapport avec eux pour les céréales, et jamais je n'ai eu un reproche à leur faire. Quelques personnes ont été trompées; mais elles ont attribué à la race l'infidélité dont elles ont été victimes de la part de l'individu. Du reste, ce sont nos représentants de commerce qui ont appris aux indigènes à voler de compte à demi les négociants de France, pour les huiles, par exemple. Mais c'est l'exception; la loyauté est l'habitude. Il y a une maison de Turcoing qui fait par an un million d'achat des Arabes ; jamais elle n'a eu à se plaindre d'eux. Dernièrement, au contraire, un indigène du commandement de Si-Hamza se fit fort d'apporter 40,000 francs de laine à M. M..., qui les lui paya d'avance. Peu après, il écrivait à son acheteur : « Je n'ai pû, dans la crainte « de faire concurrence à mon kalifat, me procurer que

« 27,000 francs de laine. Tel et tel de ma tribu te les
« remettront tel jour, à tel endroit, avec les 13,000 francs
« restants. » Rien ne manqua à l'appel.

Je ne finirais pas de vous citer de pareils traits. Il vous
suffira de savoir que sur les marchés indigènes, celui de
Sétif entre autres, quand un Arabe vient acheter un cheval, je suppose, il n'apporte pas d'argent, dans la crainte
de ne pas rencontrer de bête à sa convenance, mais le
jour où il la trouve, il en emprunte le prix à des prêteurs
spéciaux, promettant de rendre au marché suivant, comme
il le rapporte en effet avec l'intérêt à cinq pour cent. On ne
se rappelle pas qu'aucun de ces prêts n'ait été remboursé.

—Monsieur, dis-je à mon interlocuteur improvisé, je suis
venu ici pour gagner quelques sous. Il m'importe de connaître le pays commercial ; aussi, comme je vois que je ne pou-
vais rencontrer d'homme plus compétent que vous, j'espère
que vous m'excuserez de vous faire autant de questions.

— Mes affaires sont finies et voilà quinze ans que j'habite l'Algérie ; dites.

— Est-ce que les marchés de l'intérieur sont bien considérables ?

— Beaucoup plus que ceux du littoral. A Tiaret, il se
vend un million et demi de kilogrammes de laine par an.
Il y vient huit à dix mille personnes, tous les jours pendant trois mois, comme à la foire de Beaucaire. Par
malheur, l'autorité militaire veut déplacer ce marché et
le porter à Géryville, où les Arabes ne viendront apporter
ni leurs laines ni leur miel, puisqu'ils n'auraient à en
rapporter ni bestiaux ni blé. Car vous savez qu'ils sont
plutôt échangistes que commerçants.

— Est-ce qu'il y a un décret ?

— Point. On cherche à éloigner les négociants français des marchés du sud. On laisse les indigènes frelater leurs laines. « N'en achetez plus, dit-on à ceux qui sont trompés. Si vous vous plaignez d'un vol ; c'est que vous ne vous gardez pas bien. Du reste, ce n'est pas à Tiaret seulement qu'il en va ainsi. En général, l'autorité militaire n'aime pas à voir s'établir des relations entre les Français et les Arabes. Les difficultés qu'elle met à autoriser les Juifs et les Espagnols à faire le colportage dans les tribus équivalent à une défense. »

Tels sont, Monsieur, tous les renseignements que j'ai pu recueillir sur le commerce intérieur de l'Algérie. Les négociants sont pour la plupart riches, et, dès que leur fortune le leur permet, loyaux. Il n'y a pas eu de faillite, depuis trois ans, à Constantine. On l'attribue à ce que, dans cette province, ils traitent directement avec les indigènes, ce qui profite aux deux parties ; pendant qu'il a longtemps fallu dans les autres provinces, pour gagner de l'argent, se servir, dit-on, du canal de l'autorité militaire. Les débitants français sont liardeurs, rapaces, ambitieux et usuriers ; mais c'est pour soutenir la concurrence avec les Juifs et les Espagnols, dont l'avarice et la sobriété mettent les marchandises à vil prix.

P. S. J'ose me recommander à votre haute protection pour obtenir ma commission.

LETTRE XXXI

PAUL D'ORLY A Mme ERLANGES

Madame,

Je cherchais, depuis longtemps, ce qui manque en Algérie, lorsque j'ai pensé à vous.

La patrie peut se remplacer par des trompe-cœur. Les rues de nos villes portent les noms de celles de Paris ; on rouve des bals, des soirées, des cercles, un théâtre, ici comme en France. La lettre que le voyageur écrit à sa famille et celle qu'il en reçoit le ramènent au milieu des siens. Les conseils d'un protecteur encouragent au travail, qui chasse l'ennui. L'exilé se console, en lisant le livre d'un camarade, en baisant la fleur qu'une amie lui envoie. Pourtant, il sent un vide immense autour de lui.

C'est qu'on manque ici de femmes comme vous, madame, qui unissent la coquetterie à la vertu, la grâce à l'esprit, l'élégance à la beauté, une chevelure blonde à des yeux bleus.

Parmi les Françaises, dont aucune ne sait s'habiller,

celles-ci, filles d'administrateurs ou de militaires décorés, ont reçu une éducation au-dessus de leur dot, elles se sont mariées au premier venu qu'elles dédaignent; celles-là, sont d'anciennes maîtresses que l'isolement de la vie de colon ou de soldat a fait aimer, et qu'une faute à reconnaître ou une habitude invincible a fait épouser. Les autres, honnêtes en France, croient pouvoir ici se mettre à la hauteur de la température : il semble que le soleil les oblige à jeter leur bonnet par dessus les moulins. Telles sont les femmes de la haute société de l'Algérie. C'est pourquoi, quand il est encore temps, beaucoup de maris dépêchent les leurs en France, dans la crainte du mauvais air.

J'avais cru trouver mieux dans le monde espagnol. Les pères vous prêtent des guitares pour donner des sérénades à leurs filles, et les mères vous jettent l'échelle de soie, le tout par métaphore. Il a fallu chercher ailleurs.

Les Israélites, ici, sont magnifiques. Prenez la Judith de Vernet; mettez sur ses cheveux noirs un foulard rouge qui s'adapte devant et se noue derrière par deux cornettes volant de chaque côté d'une touffe d'ébène. Que sa robe soit un long sarreau marron, brodé à l'une des encoignures du bas, coupé à la taille par une cordelière et surmonté d'un plastron d'or qui entoure la fossette de son cou, en passant sur la gorge qu'il trahit deux fois. Les pieds sont nus dans des babouches en velours cramoisi, brochées de métal précieux; des bracelets ornent ses chevilles, d'autres, sous des manches en tulle, ceignent ses bras comparables aux vôtres. Mais les riches passent le jour entre elles aux bains maures; le reste, l'emploie dans les travaux du ménage. Il n'y a de réunion, le soir, chez aucune. On ne peut les fréquenter qu'à la promenade, le samedi, encore faut-il être juif. Ce n'était pas mon affaire.

J'avais souvent rencontré dans les rues des ombres blanches, qui fixaient sur moi un grand œil noir. La curiosité me faisait désirer de les connaître. L'occasion s'en présenta bientôt. Un jour que j'étais au tribunal indigène, une d'elles vint, qui demandait le divorce, parce que son mari la rouait habituellement de bois vert. Le cadi réconcilia les deux époux et dit au mari : « Il ne faut jamais « battre une femme, même avec une rose. Celui qui la « frappe a tort, il est comme celui qui frappe sur un sac « de farine, le bon s'en va et le mauvais reste. » La séance levée, je m'approchai de ce magistrat pour le féliciter sur ses paroles. Il m'invita à venir chez lui, le soir même, manger le couscouss. Vous pensez, s'il me tardait qu'il fût l'heure de me mettre en route. Dans le chemin, un homme se prélassait sur une mule, pendant qu'à côté une pauvre Arabe marchait à pied, chargée de légumes et de viande. C'était mon cadi et sa femme. Je feignis de ne pas les reconnaître. Le dîner fut nombreux, mais il n'y avait que des hommes.

Vous ne sauriez croire combien cette absence de femmes dans une société laisse de vide au cœur et donne de mauvaises habitudes à l'esprit. Puisse cette lettre, madame, ne pas trop vous l'apprendre !

LETTRE XXXII

M. SIMONIN A M. ERLANGES

Gastonville, le 20 février 1860.

Monsieur,

Le commerce extérieur a été jusqu'ici peu florissant, à cause des droits qui le grevaient. Un décret récent va sans doute aider à son développement. Il autorise l'introduction dans les ports de France de la majorité des produits naturels et des produits fabriqués de l'Algérie, et réduit la taxe sur les autres.

La Chambre de Commerce d'Alger va demander qu'on nous fasse jouir du traité conclu entre l'Angleterre et la France sur le libre échange. On avait eu l'intention de faire l'essai de ce système dans ce pays. On ne refusera pas de le lui appliquer enfin.

Cet affranchissement partiel de la consommation et de la production favorisera la culture et l'industrie. Le commerce de la colonie pourra se faire en nature, au lieu de se faire en argent, ce qui est ruineux. Alors, les Anglais viendront dans nos ports, avec leurs capitaux, acheter nos oranges, nos figues, nos vins et nos laines, dont le prix augmentera tous les jours.

Il est déplorable que nous n'ayons pas un pareil traité avec le bey de Tunis, qui nous enverrait ses blés et ses laines, en échange de nos cotonnades et de nos poteries qui s'y trouvent battues par celles des Anglais. Pour le Maroc, il n'y a rien à espérer; l'empereur empêche l'exportation, sous le vieux prétexte que son pays n'est pas assez industriel.

Voilà où en sont les Algériens. Les Arabes, dans leur bon sens ou dans leur amour de la liberté, ne comprennent rien aux douanes.

Autrefois, les fréquentes caravanes, qui vont de Fez au Caire par Tombouctou, touchaient l'Algérie à Laghouat; depuis que nous leur avons fait payer des droits, elles se sont abstenu d'y passer. Lorsqu'on sait qu'une d'elles, plus tenace, passant à Tlemcen, en 1859, a acquitté vingt mille francs d'impôts, on ne peut trop regretter le mouvement commercial qu'elles donneraient au pays, si elles y venaient à l'aise; outre, que les marchandises qu'elles apporteraient à bas prix n'ont rien de commun avec les nôtres tels que l'ivoire, les dépouilles d'autruche et la poudre d'or. Il faut espérer que l'autorité militaire, dans sa haine d'avoir des douaniers près d'elle, aux postes avancés, les fera retirer sous peu de temps. Et ce sera un des meilleurs services qu'elle ait rendu à la colonie.

P. S. — Comme vous avez pu le voir par l'enveloppe

de ma lettre, nous avons changé de résidence. Il fait si cher à vivre dans les villes d'Algérie !

Voyant que je dépensais le plus clair de mes économies, j'ai cherché aux environs de Philippeville une petite bicoque pour nous abriter, avec un petit lopin de terre pour nous occuper. Nous y resterons en attendant mieux. L'espoir que nous avons en vous est seul capable de nous soutenir.

LETTRE XXXIII

GEORGES SIMONIN A JULES ERLANGES

Mon cher ami,

La sellerie, la maroquinerie et la cordonnerie appartiennent aux Maures et aux Turcs. L'orfévrerie est réservée aux Juifs.

On trouve dans quelques villages de très-importantes fabriques d'armes d'un travail médiocre, quoique très-ouvragé : c'est la principale industrie des Kabyles. Ils sont encore forgerons, charrons et faux-monnayeurs.

Dans les grands centres, il existe des moulins à olives dont la grossièreté, en se refusant au pressurage complet, donne des huiles meilleures que les nôtres.

J'ai vu, sur les marchés indigènes, des nattes en alpha et des mannes en laurier-rose.

Viennent ensuite les tissus en laine, en coton, en soie, en or. A Kalaa, près de Relizane, toutes les maisons possèdent un métier à faire des tapis. Suppose un canevas, tendu du plancher au sol. L'ouvrière se met devant, passe autour de chaque brin de la trame un bout de laine qui varie de couleur, selon que sa mémoire lui indique, le ramène par devant, le noue, le coupe et le foule, à mesure qu'elle en a fait un rang, à l'aide d'un roseau mobile qui traverse horizontalement sa besogne. Le dessin est celui de la tradition, heurté dans ses nuances; mais le travail, composé de nœuds, est solide, et la laine n'est pas falsifiée. C'est un objet chaud, inusable et singulier : l'enfance de l'art.

Les bernouss et les haïcks se fabriquent dans les oasis du sud, où il y a un métier sous toutes les tentes aisées.

Je n'ai pas besoin de te dire que l'imprimerie est inconnue aux Arabes, comme elle l'était chez nous au moyen âge; le seul art qui la remplace, ne s'occupe guère que des manuscrits religieux : j'ai vu à Bône, un Koran qui avait coûté quatorze ans de copie à un taleb, et dix-sept à son fils, pour être achevé.

Tel est l'état de l'industrie indigène. Le caractère un peu nomade des populations ne lui permet pas de la faire progresser, ni le manque de débouchés et de capitaux, de lui donner de l'étendue. Il faut que les femmes arabes elles-mêmes broyent leur blé pour le convertir en farine, fabriquent leur vaisselle en terre; enfin, tissent les vêtements et la tente de leur famille. La polygamie vient de là, et n'existe que dans de telles conditions. Elle va de pair avec l'absence d'industrie : c'est une nécessité domestique et non une immoralité musulmane; les indigènes, comme tous les Orientaux, n'ont plusieurs femmes que pour avoir plusieurs servantes.

Quant aux objets algériens que tu vois en France, les principales fabriques en sont à Paris pour les bijoux, et à Lyon pour les tissus.

LETTRE XXXIV

M. SIMONIN A M. ERLANGES

Monsieur,

L'industrie est ici peu prospère. Je ne sais à quoi l'attribuer.

Les mines d'Algérie sont pourtant célèbres. Peu sont exploitées, aucune ne l'est d'une façon complète. Mais celle de fer de Alelick, celle de cuivre de Mouzaïa, donneront des dividendes considérables, lorsqu'elles seront entre les mains de compagnies assez riches. Pour Garouban, qui a émis trois mille tonnes de plomb en 1859, il est en voie de prospérité. Cette exploitation mérite d'autant plus d'attirer l'intérêt, qu'autrefois, des savants ont prétendu que le plomb faisait défaut ici, et apporté comme preuve, que les Arabes en avaient souvent manqué contre nous. La faute ne venait pas du pays, mais des indigènes qui ne savaient pas l'extraire. Aujourd'hui même encore, ils nous achètent tous les métaux. Je ne vous parlerai pas des mines d'Abla, qui sont moins connues par leur richesses ferrugineuses que par l'article 23 de leur Société, qui institue un gérant héréditaire.

L'Algérie renferme aussi toutes sortes de marbres, du noir, du rouge et du blanc. Deux carrières seulement sont en activité ; l'une, au mont Filfila près Constantine, a des produits très-fins, très-variés, très-nombreux, et qui pourraient remplacer ceux de Carrare pour la statuaire. C'est dans la province d'Oran que se trouve l'autre. Elle renferme l'onyx translucide ou albâtre oriental, qui est veiné d'or et de sang, comme certains agates dont il atteint la dureté. Les Arabes en ont dallé les mosquées. Les sculpteurs algériens en tournent des coupes pour orner les tombeaux. Une grande célébrité de Paris s'en fait faire un escalier qui lui coûtera trois cent mille francs.

Les salines abondent aussi. La seule où l'on puise est le lac d'Arzew, qui a douze kilomètres de long sur deux de large.

Les eaux thermales sont également très-nombreuses et très-chaudes. Fort peu possèdent des établissements de bains, quoique la médecine arabe les considère comme une panacée, et qu'elles fassent des cures merveilleuses. Il faut en excepter Hammam-Bou-Adjar qui a une petite piscine, Sidi-miad qui en a une grande, Hammam-Meskoutine qui a un hôpital, et les Bains de la Reine qui réunissent les avantages de tous. Lorsque l'Espagne régnait sur cette partie de l'Afrique, la cour y venait souvent passer une saison. Je m'étonne que les touristes de France ne suivent pas cet exemple.

A cela près, l'industrie est presque nulle, quoique les matières premières affluent.

Malgré ses blés, ses olives, ses chênes-liéges, ses bois de construction et d'ébénisterie, ses laines, ses poissons, ses peaux et son corail, elle a peu ou point d'usines, de pressoirs, de fabriques, de scieries, de manufactures, de tanneries et d'ateliers.

Je me demande si la cause en est au manque de consommation, de routes, de débouchés, ou bien aux droits sur l'exportation des objets fabriqués même en France.

LETTRE XXXV

GEORGES SIMONIN A JULES ERLANCES

Mon cher ami,

Il y a ici des journaux comme partout ; cependant, puisqu'il n'y en a qu'un dans la province d'Oran, on ne peut pas dire qu'ils soient aussi multipliés qu'en Amérique ; mais ils sont rédigés dans un meilleur esprit que ceux de France.

J'ai vu avec plaisir que le pouvoir, outre les lois sur la presse de la métropole, avait d'autres moyens de les maintenir. Les abonnés ne sont pas nombreux, ni les annonces commerciales lucratives ; aussi une feuille n'existe qu'à la condition d'avoir le privilége des annonces judiciaires et légales ; en sorte que, pour la faire vivre ou la tuer, les préfets n'ont qu'à les lui donner, ou à les lui reprendre.

Grâce à cette faculté, la presse applaudit à tous les actes de l'administration, et c'est justice. Car enfin que veut-elle ? le bien du peuple. Que fait-elle ? tout ce qu'elle peut pour y parvenir. Donc il n'y a que des éloges ou des encouragements à lui adresser. Discuter les actes du gouvernement, c'est l'insulter, de même qu'éclairer le public, c'est troubler les têtes.

Du reste beaucoup de rédacteurs sont des employés civils ou militaires, la plupart de mérite, qui ont trop de cœur pour faire de l'opposition, et trop d'intelligence pour ne pas ménager leur avenir.

Cependant l'Algérie compte des publicistes indépendants.

Il y en a de trois sortes, représentées par trois hommes.

L'un est né en Algérie ; il y a été élevé, il y vit à la tête d'un journal qui porte le nom de notre colonie, il y mourra en défendant ses idées, heureux d'expirer pour elles.

C'est un Émile de Girardin au petit pied. Il en a les aphorismes, la fécondité, les alinéas et la dialectique.

On se plaît à le voir railler les réactionnaires, s'escrimer contre les abus, citer les exceptions pour les généralités, prendre ses renseignements de toutes mains, même des défenseurs auprès des justices de paix, compromettre ses amis par excès de zèle, son talent à force d'audace, l'Algérie par l'amour qu'il lui porte.

De tous ses articles réunis, il a fait un livre qui, sous la forme d'une étude sérieuse et réfléchie, ne semble qu'une longue récrimination contre l'état de choses actuel, suivie de projets de lois à soumettre au Conseil d'État.

Ce qui frappe le plus dans tous ses travaux, c'est une haine incessante contre les militaires. Pourtant ils ne sont pas l'obstacle à la colonisation. A cette heure même, les commandants de division sont aussi libéraux que les préfets, et rivalisent de zèle avec eux. Les derniers mots qui m'échappent sont peut-être l'énigme de l'Algérie.

Néanmoins on lui pardonnerait tout, s'il était moins injuste envers la France qu'il accuse toujours de ne pas s'occuper assez de ce pays. A son dire, la métropole n'a fait pour sa colonie aucun sacrifice, ou plutôt il avoue que celui qu'elle a fait a dû lui coûter, mais il soutient que c'est celui d'Abraham.

M. Jules Duval est le plus calme et le plus impartial. Je ne connais rien de plus curieux et de plus habile en même temps que les articles qu'il consacre, depuis quelque huit années, dans le *Journal des Débats*, à l'Algérie.

Il est impossible de tenir le public mieux au courant des phases si variées que traverse ce pays renaissant.

On suit ses luttes, on entend ses plaintes, on se réjouit de ses succès, on croit aux promesses qu'il fait chaque jour à l'industrie, au commerce, à la gloire. C'est à s'imaginer, tant le rédacteur y met d'entraînement, que la métropole devra sa consolidation à sa colonie, comme autrefois c'était à craindre qu'elle ne lui dût sa ruine. Beau triomphe qui prouve une fois de plus le danger de la presse !

Il ne lui suffisait pas d'avoir appelé l'attention sur l'Algérie : après un long séjour et de longues études, il a publié *un tableau historique, descriptif et statistique* de ce pays, modèle du genre.

Mais la tâche la plus difficile restait à remplir, à savoir de présenter lapolitique coloniale de la France.

Ce travail a paru dans la première Revue du monde (*) :

<hr>

(*) *Revue des Deux-Mondes*, 15 avril et 15 mai 1859.

les ignorants l'on lu avec intérêt et les doctes avec fruit.

Cette trilogie de travaux lui a valu le premier rang dans la presse sur la question algérienne. Il serait un homme supérieur s'il n'avait un défaut mais qui le perdra, c'est de préférer le régime civil au régime militaire.

Le troisième est différent. Je viens de lire son dernier ouvrage, qui passe pour son chef-d'œuvre, sur « *la colonisation de l'Algérie.* »

Le livre s'ouvre ainsi : « Il entrait dans les vues du « gouvernement de la Restauration de coloniser l'Algérie. » Cette assertion est nouvelle, mais quand un écrivain a fait deux volumes in-8° sur l'Algérie, le lecteur n'a pas besoin de lui demander de pièces justificatives.

Le récit m'entraîna. J'arrivai tout haletant au chapitre consacré à Staouëli. Je ne trouvai point sur ce couvent agricole une étude économique, mais un sermon fort remarquable.

Dans la crainte de me laisser charmer par le talent de l'auteur, je cessai d'étudier ce livre. Je connaissais l'historien et l'économiste, je cherchai le politique.

D'abord il taxe « de honte » nos armes sous le gouvernement qui a vaincu Abd-el-Kader.

Le publiciste a sans doute voulu suivre la mode, car c'est la mode aujourd'hui de médire de Louis-Philippe. Les nations sont comme les individus, elles n'aiment pas ceux envers lesquels elles ne peuvent s'acquitter : Un bienfait tient souvent lieu d'offense.

Après ce jugement, l'écrivain passe à la République « de la haute sagesse » de laquelle il parle d'un ton railleur, fort déplacé dans sa bouche.

Puis il arrive à l'Empire. « Les amis avoués ou non
« du prince, écrit-il, ont soufflé sur l'Algérie leurs doc-
« trines impies et subversives. »

C'est pourquoi il regrette la dîme et tous les autres
avantages du gouvernement théocratique. On n'est pas plus
dévot et plus conservateur.

Mais le caractère distinct de ce livre, c'est le style.

« Dès 1835, aux aventuriers, de bas étages vinrent se
« joindre les gens de bonne maison. . . . .

« ... Les courtiers se précipitèrent comme des vautours
« sur les premières volées de colombes qui arrivaient de
« France avec un rameau d'olivier... En résumé, la Provi-
« dence avait envoyé le prince Napoléon à l'Algérie, la
« Providence l'en a détaché à temps. » Nul ne contestera
que ces phrases ont de quoi séduire ceux qui étudient la
langue française dans le bréviaire romain.

Après les éloges, je demanderai à M. de B... la permis-
sion de lui faire un reproche. La Providence figure à chaque page de son travail. Outre que c'est un acte d'irrévé-
rence de parler d'elle si souvent, c'est une erreur théolo-
gique, il me semble, de la faire intervenir dans toutes les
choses ici-bas. J'ose croire, par exemple, que si elle s'oc-
cupait de M. de B... autant qu'il veut nous le persuader,
elle ne lui aurait pas laissé écrire son dernier essai sur
l'Algérie.

LETTRE XXXVI

M. SIMONIN A M. ERLANGES

Monsieur,

J'étais fort embarrassé pour vous parler de l'instruction publique en Algérie. Il m'a semblé tout simple d'aller chez l'instituteur et de lui demander de me mettre au courant.

Voici le résumé de sa conversation. L'enseignement français est assez répandu, puisqu'il l'est plus qu'en Bretagne et que dans la Picardie. Il existe un lycée, deux colléges, une grande quantité d'écoles primaires et d'établissements libres, surtout de religieux.

Les Juifs font davantage, sinon mieux. Dans toutes les rues on est assourdi par leurs enfants qui épèlent ou qui comptent en masse après le rabbin.

Chez les Arabes, la science est traitée un peu cavalièrement. L'autre jour, un général demandait au fils d'un grand s'il savait lire et écrire. Pour toute réponse, celui-ci lui montra son fusil et ses éperons. Les indigènes croient

volontiers que l'instruction n'est faite que pour les juris-
consultes ou les prêtres,comme nous le croyions autrefois. Et leur erreur est excusable, car ils sont encore à
l'époque où l'Église a le monopole de l'enseignement d'un
peuple : il n'y a guère d'école que dans les mosquées.
Aussi, vous expliquerez-vous aisément pourquoi les maîtres se bornent à apprendre aux élèves à lire le Koran et
à en copier des versets. Le calcul ne s'étudie qu'à dix-huit
ans et le droit qu'à trente. C'est le haut enseignement.

L'administration, qui n'ignore pas que les *m'dersa*,
juives et arabes, sont des foyers de fanatisme, a compris
ce que pouvait faire une éducation commune aux vain-
queurs et aux vaincus, pour détruire les antipathies na-
tionales et élever le niveau des classes. Elle a cherché a
attirer les indigènes dans les institutions françaises, où ils
jouissent du libre exercice de leur culte.

Les Juifs, riches et pauvres y envoient leurs enfants des
deux sexes. Quant aux Arabes, il faut les plus belles promesses ou les plus grandes influences pour les décider à
y mettre leurs fils. Rien n'a pu jusqu'ici les déterminer
au sujet de leurs filles. La pension de demoiselles indigènes ne se recrute donc que parmi les mauresques pauvres. Du reste elle donne de médiocres résultats. Le
mal ne vient pas seulement de ce que l'institutrice les
convertit. Chez les Arabes, la séquestration, le servage et
l'ignorance de la femme sont de prescription si religieuse
que nulle des élèves ne trouve à se marier ; et le célibat
forcé, dans un climat aussi chaud, aidé de la connaissance du français, les mène à l'inconduite.

A côté de tous ces moyens d'instruction, il y a encore

des chaires d'arabe, occupées par des professeurs distin-
gués, dont le plus modeste M. Combarel sera, demain,
premier lexicographe d'Europe. Ce sont des cours à l'u-
sage de ceux qui veulent apprendre la langue de Mohamed. On regrette qu'ils soient peu suivis, quand on songe
à la multiplicité de complications politiques, judiciaires et
administratives qui viennent encore du petit nombre d'a-
gents français sachant l'arabe.

Pour être complet sur tout ce qui regarde la science,
je veux vous dire que l'Algérie possède une école prépa-
ratoire de médecine et de pharmacie, une bibliothèque
publique, et des commencements de musées, çà et là.

LETTRE XXXVII

PAUL D'ORLY A Mme ERLANGES

Madame,

Si vous me demandiez quelle langue on parle en Algérie, je vous dirais qu'on les parle toutes, ce serait trop; ou qu'on n'en parle qu'une, ce ne serait pas assez.

Dans les villes, le français règne seul, grâce à nos employés, à nos commerçants et à nos soldats.

Dans les villages, c'est différent! moi qui ai toujours douté que la dispersion des hommes ait eu lieu faute de s'entendre, je suis arrivé à le nier depuis que j'habite ici. En effet, dès que nous nous trouvons ensemble, de quelque origine que nous soyons, le besoin de converser, de nous aider, de commercer nous fait trouver un langage commun. C'est ainsi que les Français, les Italiens, les Juifs, les Espagnols et les Arabes ont inventé un jargon connu sous le nom de *sabir* mélange facile à apprendre, mais abominable à parler, dont il est impossible de se faire une idée, à moins de l'avoir entendu spalmodier par des Juifs,

6.

accompagnant de tarboukas et de guellals les chansons, au bruit desquelles ils font danser les mauresques, dans les cafés de mauvais aloi.

La langue la plus répandue est l'arabe, chez tous les Indigènes, des tentes, des gourbis et des ksours. Nul idiôme au monde n'est plus sentencieux, plus imagé, plus correct, plus pur, ni plus guttural, et à ce titre plus difficile à prononcer. Toutefois, s'il est fort parlé, il est peu écrit. Depuis de longues années le Koran et l'état de guerre ont rendu les Arabes les plus ignorants des hommes ; en sorte que les seules traces de littérature ne se sentent que dans les contes du soir. Un taleb m'a transcrit le plus à la mode aujourd'hui. Je ne vous le traduirai pas mot à mot parce que ce serait trop long, mais en voici une imitation libre qui vous suffira peut-être à condition que vous n'oublierez pas qu'il a été fait dans un pays où la polygamie a dégradé les femmes et corrompu les hommes.

LA FIDÉLITÉ

Le lendemain d'un hymen par amour,
Le lendemain, si ce n'était le jour,
Au mois d'avril, dans un frais paysage,
Un jeune époux, son épouse et son chien
Se promenaient. — C'était au moyen âge
Ou bien hier, car le temps n'y fait rien,
Le cœur humain reste toujours le même.
Quand tout à coup arrive un libertin
Qui prend l'amante au bras de ce qu'elle aime
Fort poliment. L'époux bouillant soudain

Lui dit : « Monsieur arrière, c'est ma femme!
— Bonne raison ! fait l'autre; sur mon âme
Plaisantez-vous? Laissez-la donc choisir
Entre nous deux celui qu'elle préfère
Et vous verrez si l'arrêt m'est contraire.
Gageons cent louis, voulez-vous les tenir?
— De tout mon cœur, car il faut vous confondre
Monsieur le fat, s'écria le mari.
Ma chère enfant, tu connais le défi,
Embrasse-moi ; c'est assez y répondre. »
La dame alors releva ses grands yeux ;
Ses sentiments ne semblaient pas en lutte :
L'un est nouveau, si l'autre est amoureux :
Et, sans douter une seule minute,
Elle se jette au cou de l'inconnu.
Car le plus beau, c'est ce que l'on n'a pas vu.
Mon pauvre ami fut navré de tristesse
Mais il avait une telle sagesse
Qu'il s'en alla sans pousser un soupir,
Le chien suivit. La dame eut le désir
De le ravoir avant que de se rendre :
Elle exigea de son nouvel époux
Qu'il retournât et s'en fût le reprendre.
— « Quand il s'agit de ma femme entre nous,
Dit le mari, nous l'avons consultée ;
C'est de mon chien qu'il s'agit à présent ;
Faisons de même et voyons sa pensée. »
L'offre était juste et notre homme y consent.
Puis de siffler pour appeler la bête.
Le levrier, sans détourner la tête,
Court à son maître et se sauve avec lui.
Triste leçon qui n'instruira personne,
Ni qui l'entend, ni même qui la donne
Et moins encor les femmes d'aujourd'hui!

Il me faisait de la peine de finir ma lettre avec ce conte réaliste, quoiqu'il donne une idée fort exacte de la moralité des Arabes. Je me demandais où était la poésie orientale avec ses fleurs, ses grâces et son amour.

Le hasard m'a fait rencontrer un grand chef indigène qui descend d'une noble famille de croisés français égarés ici, en revenant de Palestine avec saint Louis. C'est un fort galant homme, qui se souvint qu'il avait été jeune, qu'il avait aimé et qu'il avait fait des vers, comme tout le monde, pour sa première maîtresse Je le forçai doucement d'avouer qu'il se les rappelait : Il me les récita. Et je les ai traduits strophe par strophe avec la plus scrupuleuse exactitude.

A UNE JEUNE FILLE

EN LUI ENVOYANT LA MOITIÉ D'UNE *PENSÉE*

Gloire à Dieu. Il n'y a de Dieu que Dieu et Mohamed est son prophète.

C'est une langue sans pareille
Que parle la fleur à la fleur ;
Elle ne dit rien à l'oreille
Et n'est comprise que du cœur.

Je suis une simple « pensée, »
Éclose en un autre séjour ;
Et je viens, la tête baissée,
Vers vous, en message d'amour.

Pourtant quand d'une main fatale
Il me moissonna par dépit
Dans l'Aurès, la terre natale,
Mon pauvre maître m'avait dit :

« Le temps effeuille de son aile,
« Le basilic et le jasmin ;
« Pour toi, ne le crains pas, ma belle
« Je te garderai sur mon sein.

« Par les parfums et ta présence
« Peut-être, pourras-tu calmer
« Les pleurs que m'arrache l'absence
« De la vierge que j'ose aimer. »

Mais en deux parts il me déchire,
Et vous en donne une aujourd'hui ;
Craintif emblème qui veut dire :
Il pense à vous, pensez à lui! »

LETTRE XXXVIII

M. SIMONIN A M. ERLANGES

Monsieur,

Sur ses 400,000 hommes et ses 40,000 chevaux, la France envoie ici 65,000 des uns et 19,000 des autres, en y comprenant la légion étrangère. Je ne voudrais pas vous laisser croire que ce soit utile pour maintenir l'ordre et la sécurité dans la colonie, puisque pendant la guerre d'Italie, il n'y avait que 35,000 hommes.

Du reste, tous ces soldats sont ici comme dans la métropole. Ils mènent la vie la plus douce du monde; tantôt ils sont détachés sur les routes; ici la pêche et la chasse remplissent leur temps, là ils jouissent de la vie de garnison. Je ne sais rien de plus commode que les cercles d'officiers en Algérie; celui de Sidi-bel-Abbès l'emporte sur tous les autres par la distribution des jardins qui reproduisent la Croix, la Médaille militaire et l'Aigle, et surtout par la musique que la légion étrangère y fait entendre.

Quelquefois on forme des camps, comme à Saint-Omer, pour l'instruction des troupes. En 1859, il en avait été question, lorsque l'expédition du Milanais en a empêché. Désormais, il doit s'en établir un, tous les ans pendant trois mois, dans chaque province, où les troupes viendront successivement s'exercer sous les yeux du général de division.

La seule différence entre le séjour de l'Algérie et celui de la France, c'est qu'ici les années leur comptent double pour la retraite et qu'elles sont payées sur le pied de campagne.

A cela près, il n'est pas bon à un jeune homme qui sort de l'école de débuter en Algérie, où il fait casser des pierres aux soldats sur les routes de l'intérieur. Pourtant l'officier y ajoute à ses connaissances s'il en a beaucoup, et les perd s'il en a peu.

A côté de ces régiments se trouvent la légion étrangère et les corps indigènes. Le premier, dont le nom indique la composition, s'élève à six mille hommes. Les autres, c'est différent. Afin que les Arabes n'emploient pas contre nous leurs qualités guerrières, on a créé, pour eux, les tirailleurs indigènes et les spahïs, deux troupes, l'une à pied, l'autre à cheval, où ils ne peuvent obtenir les grades supérieurs à celui de lieutenant. Il y en a un tiers par province. Ceux-ci habitent des casernes. Les spahïs campent par escadrons sous des tentes avec leur famille, leurs bestiaux et leurs instruments, ça et là. Ce sont des sentinelles avancées contre les ennemis en temps de guerre, les vulgarisateurs de notre agriculture en temps de paix ; du reste lents à former, et difficiles à retenir, sinon par une forte solde, l'amour du pillage et des razzias, et une grande liberté.

Enfin viennent les *goums* ou garde nationale mobilisée. Elle comprend tous les Arabes qui ont un cheval et qui doivent répondre à notre première réquisition. Ils sont commandés par leurs caïds et leurs agas, sous les ordres du chef de bureau arabe.

J'allais oublier la milice établie dans les villes importantes, qui pourrait être fort utile, au moins pour indiquer l'opinion du pays, comme en France, si elles avaient toutes pour colonel des hommes tel que M. Bex d'Oran, et si les généraux en faisaient un peu plus de cas.

LETTRE XXXIX

M. GEORGES SIMONIN A JULES ERLANGES

Mon cher ami,

Je suis heureux que mes lettres t'amusent, aussi vais-je tâcher de les rendre le plus intéressantes qu'il me sera possible.

Les colons voudraient bien faire croire à la sécurité de l'Algérie pour éloigner l'armée ; par malheur, il n'en est rien. Que ce soit la faute des gouvernements, je penche vers cette opinion, car enfin sur qui la bataille de Staouéli fut-elle gagnée ? Tant que les Arabes n'ont pas pensé que nous voulions nous substituer aux Turcs, ils nous aimaient comme des libérateurs, au point que vers 1831, nous nous promenions sans danger même chez les Kabyles, tandis qu'aujourd'hui ils nous pillent et nous assassinent, dès qu'ils le peuvent. Mais, en nous servant des Juifs, comme si nous ne voulions fonder ici qu'un comptoir, et des Maures comme si nous ne voulions régner que sur les villes, nous avons négligé la nationalité arabe pour les uns qu'elle méprise et pour les autres qu'elle déteste.

Ce sont les humiliations de la part de l'Etat, les déprédations de la part des militaires et les spéculations de la part des commerçants français, qui les ont révoltés. Depuis, nous avons vaincu mais non convaincu les Arabes et les Kabyles. Leur prosélytisme n'a guère diminué ; le Koran leur ordonne toujours de nous haïr comme infidèles. La Mecque, où quelques-uns d'entre eux vont chaque année, est dangereuse par les fanatiques qu'elle nous renvoie. Les confréries religieuses sont très-multipliées ici et tous les Arabes y sont affiliés. Si du moins leur religion n'était pas facile à surprendre, mais ils se montrent d'une crédulité excessive, comme tous les orientaux et tous les ignorants. Je ne dis pas que le premier Abd-el-Kader venu soulèverait l'Algérie ; le premier, non ; mais le deuxième. Qu'un *Kouan* ou frère dise à un Arabe que les Français sont des tyrans, il réfléchit ; qu'il le lui répète, il se plaindra de n'avoir pas de poudre ; qu'il lui en fournisse, et voilà une révolte.

Toutefois, il n'y a plus d'insurrection possible dans les plaines, faute de retranchement. Les montagnes sont donc le dernier théâtre des agitations indigènes.

L'an dernier, il apparut un inspiré qui prêchait la guerre sainte contre nous. « Je suis le *maître de l'heure,* « disait-il ; les Francais vont être vaincus, car leur balles « sont en liége. » Et des fanatiques de s'enrôler. Une colonne fut envoyée à sa rencontre. Dès qu'elle s'approchait, il s'enfuyait sur un cheval frais, sous prétexte d'aller encourager d'autres tribus. Les Arabes, reconnaissant enfin sa ruse, le tuèrent sur nos conseils. Juge un peu si l'armée n'avait pas été là pour les détromper.

Chez les Kabyles, il n'y a pas à craindre de révoltes religieuses, puisqu'ils ont résisté à la voix du marabout Abd-el-Kader et qu'ils n'ont fait que donner l'hospitalité et non l'asile à Bon-Bagla.

Quelquefois c'est l'impôt qui les soulève : ils ne veulent pas le payer à un aga qui n'est pas de leur tribu, ni au chef de bureau arabe, mais à des percepteurs français qui souvent les excitent contre l'administration militaire, comme dans la récente expédition du Hodna. Il fallait vaincre cette prétention. Le général de Martimprey a mis quinze mille hommes en campagne qui, pendant cinq mois, ont battu le pays en tous sens. Après les marches et les contre-marches les plus fatigantes, comme si l'on eut eu affaire à un ennemi considérable, on les rencontra au nombre de cinq cents dont cent cinquante armés ; le reste n'avait que des pierres et des bâtons, selon l'usage. Mais la poudre qu'ils avaient était meilleure que la nôtre. Leur déroute a été complète. Nous perdîmes un officier qui fut tué par sa faute et quelques soldats qui furent fourbus de fatigue. Le lieutenant colonel passa colonel, le commandant passa lieutenant colonel, le capitaine commandant, ainsi de suite jusqu'aux soldats auxquels on donna la médaille militaire. Outre l'impôt de mille francs par fusil, on en tira la vengeance habituelle : tuer des femmes, des enfants et des vieillards, brûler des tentes, des gourbis et des forêts d'oliviers pour épouvanter les hommes. Ce système de ruiner les vaincus a toujours réussi ; car tu sais qu'ici, au rebours des pays d'Europe, le peuple arabe ne s'insurge que lorsqu'il est heureux. Ce n'est pas que la misère, au lieu de l'irriter l'abrutisse, c'est qu'elle l'empêche d'acheter des munitions. Voici trois ans qu'ils ont de mauvaises récoltes, tantôt à cause de l'intempérie des saisons, tantôt à cause de la guerre du Maroc qui, en retirant les hommes des tribus, a fait négliger l'agriculture.

L'administration s'arrange toujours de manière à ce que les Arabes ne puissent pas s'enrichir. Et c'est un conseil de politique.

Tu comprends s'il est difficile de maintenir la sécurité dans un pays, quand il faut, pour y réussir, faire une expédition contre les habitants ou les ruiner; triste alternative.

On ne sait comment s'y prennent les chefs arabes du sud.

Une jeune arabe, qui traversait, la nuit, un lieu désert, rencontra un cavalier qui lui dit : « — Comment voya- « ges-tu si tard dans ces lieux ? N'as-tu pas peur? — Je ne « craindrais rien avec un diadème d'or sur la tête, répli- « qua-t-elle; puisque je suis sur le territoire de Bou- Akas. » Son interlocuteur s'éloigna souriant; car c'était Bou-Akas lui-même.

Le père de cette jeune femme me l'a raconté, un jour que j'hésitais à m'en aller seul de Bordj-bou-Areridj à Alger. Il ajouta, pour me tranquilliser : « Va, je réponds de « ta route. Il n'y a de danger, en Algérie, que pour les « jolis garçons. »

LETTRE XL

M. X.... A M. Z....

Monsieur,

Vous savez que l'Empereur des Français doit venir bientôt visiter Alger et Blidah, c'est-à-dire le Paris et le Versailles de l'Algérie.

Les journaux de l'opposition ont espéré que ce voyage nous apporterait quelques améliorations. Il n'en peut être autrement.

Le *Constitutionnel* ou *l'Akhbar*, ou tous deux, prétendent que la Colonie en ressent déjà les effets.

C'est exact. Dès que la visite de Napoléon III fut certaine, les chefs arabes allèrent dans les tribus et dirent à leurs administrés :

« Le sultan vient de France en Algérie.

« Tissez-vous des bernouss de soie, faites pour vos che-
« vaux des selles d'or, ou achetez-en.

« Bientôt je vous conduirai le voir à Alger ; et de là,

« sans doute, nous partirons ensemble pour la Syrie
« combattre sous Abd-el-Kader.

« Qu'on se prépare pour cette expédition. »

Ici, comme dans tous les pays despotiques, il n'y a de
riches que les chefs ; et, comme chez tous les peuples
nomades, le sentiment de la famille est très-développé,
puisqu'il a besoin de suppléer à celui de la patrie. Dans
la crainte de se ruiner à cet équipement, et d'aller mourir
loin de leurs femmes et de leurs enfants, les Arabes cher-
chèrent le moyen de rester chez eux.

Rien ne leur sembla plus simple. Il s'agissait d'une cor-
vée à acquitter en nature ou en argent. Ils l'acquittèrent
en argent.

La population indigène de la province d'Oran est de
cent cinquante mille hommes. Or, quelques-uns ont
donné cent francs. On se figure aisément la somme en-
caissée par les grands chefs, les kalifas, les agas, les caïds
et les cheiks.

Il est évident que tout ceci s'est fait à l'insu des bureaux arabes. Néanmoins, tel est le premier effet produit
par le voyage de l'Empereur. Sans doute il en aura d'autres, ne fut-ce que de réparer celui-ci.

LETTRE XLI

PAUL D'ORLY A Mme ERLANGES

Madame,

L'Empereur est à Alger. Hier, il a réuni le Ministre de l'Algérie et des Colonies, le commandant des forces de terre et de mer, les trois préfets et les trois généraux.

Je n'étais pas à cette conférence, bien entendu ; aussi n'est-ce que par ouï-dire que je vous raconterai ce qui s'y passa.

Dès que chacun fut entré, Napoléon dit : « Messieurs, « je voudrais marquer mon voyage en ces lieux par un « grand acte. Que me conseillez-vous? »

Un général répliqua : « Sire, puisque Votre Majesté « daigne nous faire l'honneur de nous demander notre avis, « nous allons nous permettre de lui dire la vérité. Sire, l'ad- « ministration civile compromet par ses règlements et ses « lenteurs la sécurité. Les colons ruinent les Arabes par « le commerce, et le cantonnement les achève.

— « M. le Général, dit un préfet, aucun de vos rap-

« ports trimestriels n'en fait mention. Tous même cons-
« tatent que l'impôt rentre bien, et que les indigènes sont
« dans les meilleures dispositions.

— « Sire, quoiqu'il en soit, riposta un autre général, si
« vous ne nous subordonnez pas l'administration civile,
« nous ne vous répondons pas de la tranquillité.

— « Moi, s'écria un préfet, je m'en porte garant,
« pourvu, Sire, que vous retiriez l'armée et que vous
« mettiez la gendarmerie à mes ordres.

— « Craignez, avança un général, de voir se renouve-
« ler ici l'insurrection du Liban.

— « Ces paroles ne me font pas peur, dit le Ministre.
« Les massacres de Syrie n'ont eu lieu que parce que les
« bachas turcs en ont été les complices. »

L'Empereur se leva. « Messieurs, je vois avec peine que
« vous n'êtes pas d'accord ; j'aviserai. »

Le récit de cette conférence explique pourquoi l'Algérie
ne rapporte pas encore à la métropole. Il en sera ainsi
tant que les autorités vivront dans un semblable anta-
gonisme. L'Empereur l'a vu. Il ne peut nous laisser un
meilleur souvenir qu'en le faisant cesser. Tel est le vœu
de tous. La colonie attend un décret qui le consacre pour
reprendre un courage prêt à l'abandonner.

Ce n'est pas qu'elle craigne que la sécurité soit com-
promise. Ces appréhensions ne sont plus le partage que
de ceux qui n'ont jamais habité l'Afrique.

Certes, il y a ici comme en France encore des misérables qui volent. Quant aux assassinats, il y en a moins
que dans les États d'Europe, depuis que la loi rend les
tribus responsables de ce qui arrive sur leur territoire.

Une ferme toutefois, de la plaine de Relizane, a été récemment attaquée, la nuit, à main armée, non sans qu'il soit resté des morts sur la place. On a fait insérer dans les grands journaux de Paris les débats de cette affaire, on veut la populariser par la gravure. C'est une maladresse ; car le bureau arabe, en cette circonstance, a failli à sa mission, puisqu'il n'a pas empêché le crime et surtout puisqu'il n'a pas trouvé les coupables que la descente d'un général sur les lieux a suffi pour découvrir immédiatement.

De tels actes du reste sont aussi isolés que les habitations où ils se commettent.

La tranquillité est complète dans toute l'Algérie. Et je m'étonne que l'autorité militaire n'ait pas honte de le nier par amour propre ou par bonne foi. Est-ce qu'en 1851, le général, commandant la division de Constantine et le préfet du même département n'ont pas été de leur capitale à Alger, sans escorte ? Est-ce qu'il n'existe pas aujourd'hui même une diligence qui fait le service des dépêches, tous les deux jours entre Alger et Oran ? L'an dernier, un négociant de Turcoing voulait aller sur un marché du Maroc acheter des laines. Cependant comme il avait beaucoup entendu parler du danger des routes vers cette frontière et qu'il avait besoin d'emporter une somme assez importante pour ses achats, il demanda quelques cavaliers au chef du bureau arabe de Tlemcen. Le successeur de Doineau les lui refusa en disant : « C'est dans votre inté-« rêt, vous seriez tué ou pillé inmanquablement. » Ce discours n'était pas pour encourager. Mais les éloges que chacun donnait aux toisons des Angad l'emportèrent dans son esprit. Il écrivit au caïd d'Ouchda pour solliciter une pareille protection ; jamais réponse ne fut plus aimable. Elle garantissait la plus grande sécurité à son voyage. Sur ces assurances, M. Mazurel partit avec 200,000 francs, passa chez les Beni-Snassen, (les tribus les plus dangereuses du Maroc et de l'Algérie) et se rendit sur le marché d'Ouchda. Quelques jours après, ses affaires achevées, il revint sans avoir éprouvé le moindre désagrément, comme s'il fut revenu de la foire de Leipsig.

Les chefs de bureaux arabes qui disent que les indigènes ne sont pas pacifiés veulent faire croire qu'ils sont encore utiles à la sécurité. Quand des généraux le répètent, c'est qu'ils veulent commander une expédition.

On pense que l'Empereur, pour satisfaire les deux camps, va mettre à la tête de l'Algérie le maréchal Randon. Il était difficile de mieux choisir. Le vainqueur de la Kabylie n'a plus besoin des bulletins de l'armée d'Afrique.

Alger, le 18 septembre 1860.

LETTRE XLII

M. SIMONIN A M. ERLANGES

Monsieur,

Les gens économes doivent être contents. L'Algérie, en dehors des dépenses de l'armée qui seraient les mêmes ailleurs, rapporte 33 millions et n'en coûte que 18 et demi : c'est un bénéfice net de 14.

Cependant ni le bien-être, ni le nombre des colons n'augmentent. Leurs contributions sont trop lourdes. Ils sont exempts de l'impôt foncier, d'accord ; mais celui des patentes existe, grevé de centimes additionnels pour la dépense des chambres de commerce ; l'impôt personnel et mobilier est remplacé par une taxe sur les loyers au profit des communes. Il y a même partout à acquitter des prestations, quoi qu'il n'y ait pas partout de chemins vicinaux. Donc le droit de vivre est aussi dans l'Algérie, qui date de trente ans, que dans la France qui date de quinze siècles.

Ce système, outre qu'il empêche la production, détourne les émigrants. Nul ne quitte son pays sans l'espoir de trouver mieux.

J'allais cesser mes plaintes, quand j'ai reçu cette lettre de mon fils. Vous verrez, en la lisant, les deux côtés de la question financière ici.

« Bon père, on n'a jamais fini de défendre les bureaux
« arabes, tantôt contre les colons, tantôt contre les jour-
« nalistes, quelquefois contre les indigènes. Il faut, en vé-
« rité, qu'ils soient bien peu connus.

« Vous me dites dans votre dernier courrier que les im-
« pôts arabes vous paraissent trop multipliés, mal assis et
« mal perçus.

« D'abord je soutiens qu'ils ne sont pas nombreux.

« 1° L'*achour* est la dîme sur les céréales. Elle a pour
« base le chiffre des charues, aussi les contribuables n'en
« ont-ils guère, afin de payer moins; de quoi ils sont punis,
« parce que, à défaut d'outils suffisants, ils prolongent
« leur travail au-delà du temps où il est productif. 2° L'*ho-
« kor* est le loyer des *terres azels* dans les contrées où l'a-
« chour n'existe pas. 3° Le *zekkat* est la contribution sur
« les bestiaux. 4° Le *lezma* est l'impôt sur les palmiers et
« les jardins dans l'Aurès et le Ziban. 5° C'est aussi la
« redevance des tribus dont les richesses ne peuvent être
« recensées, soit à cause de leur vie nomade, soit à cause
« de leur soumission incomplète.

« Ensuite, ces taxes sont assises par les chefs. Chaque
« année, ils dressent un état des terres ensemencées,
« des troupeaux, des arbres à fruits, diminuant ceux
« de leurs amis, omettant les leurs. Le bureau arabe
« revoit cette liste, en retire les indigènes des frontières

« parce qu'ils sont toujours sous les armes, et accorde
« quelques dispenses encore. Le tout ainsi modifié est
« soumis au directeur divisionnaire qui applique la règle
« d'une façon uniforme pour tous les terrains, qu'ils soient
« de bonne ou de mauvaise qualité, d'un abord facile ou
« impraticable, près d'un marché ou sans issue.

« Enfin, une fois l'an, les caïds recueillent l'impôt avec
« rigueur. M. le général de Martimprey a dit devant moi
« qu'il n'était pas juste d'en exiger le paiement des Arabes
« en une levée, tandis que les Français peuvent l'acquitter
« par douzième. Au premier abord, il semble avoir
« raison, pourtant il se trompe malgré son expérience : ce
« serait leur donner de mauvaises habitudes. Autrefois,
« certes, ils soldaient leurs redevances en nature, tandis
« qu'aujourd'hui ils sont contraints de le faire en ar-
« gent, ce qui les oblige souvent à vendre leurs produits à
« vil prix ou à emprunter à usure. Mais en même temps
« ils s'accoutument à notre perception. Les caïds appor-
« tent les fonds qu'ils ont touchés au chef du bureau in-
« digène qui les vérifie du jour au lendemain et qui les
« rend, pour être versés en sa présence, à la caisse du per-
« cepteur, sans toutefois les manier depuis certaine af-
« faire. Il y a un arrêté formel.

« Cette confiance fait le plus grand honneur aux chefs
« indigènes. Ils ne la trompent presque jamais, quoique
« leurs prédécesseurs fussent moins des gouverneurs mi-
« litaires que des fermiers généraux, et que la plupart
« aient été pris chez les pauvres, à dessein.

« 6° Pour la taxe des centimes additionnels à ajouter
« au principal de l'impôt, celle de 1860 s'élève à 0, 18 c.

« par franc. Mais il s'agit de subvenir aux dépenses d'u-
« tilité commune dans les tribus.

« 7° En outre, ils sont soumis à des corvées en faveur
« des kalifats, des agas, des caïds, des cheiks, des kodjas
« et des interprètes. Ce sont des bons d'un ou plusieurs
« jours de travail, de bêtes de somme, délivrés par le bu-
« reau arabe, et payables à la volonté du porteur. Par
« exemple, lors du voyage de l'Empereur, certain chef
« avait, pour porter ses hardes à Alger, un bon de quatre
« mulets sur le bourg de K... Il lui a demandé 500 fr. à
« la place et n'y est pas allé. Je ne sais pas pourquoi les
« indigènes se récrient. Rien n'est si commode pour
« doubler le numéraire.

« 8° Ils se plaignent encore des amendes qu'on leur
« inflige pour les contraventions de police ou les fautes
« dans le service militaire et administratif. Les chefs n'ont
« droit d'appliquer que 25 fr. le capitaine de bureau 50,
« et le général 100. Du reste, le registre des punitions ne
« mentionne que celles qui ont été acquittées et il n'est
« pas à souche; mais quoi! la probité d'un chef indigène
« et l'épaulette d'un officier français ne valent-elles pas
« un reçu, outre qu'elles simplifient les comptes et les pa-
« perasses?

« Un préfet, hier, parlait de moraliser les impôts ara-
« bes. Il proposait, afin de diminuer les frais de recette
« payés aux chefs, de ne plus leur donner de part dans
« les amendes qu'ils prononcent, ni dans celles que nous
« prononçons, et de les remplacer par des percepteurs.
« Certes, ce serait plus lucratif pour le gouvernement;
« mais ce serait moins politique.

« De leur côté, les Arabes prétendent que nous les im-
« posons plus que ne le faisaient les Turcs, et que nous
« ne nous les concilierons pas mieux. L'observation est
« peut-être vraie, mais la raison d'État veut que la
« France continue ses premiers errements. »

LETTRE XLIII

GEORGES SIMONIN A JULES ERLANGES

Mon cher ami,

Je lis presque toutes tes lettres à mon oncle qui, de son côté, est en correspondance avec ton père. Il prétend que, à moins d'avoir été en Algérie, personne ne la connaît comme lui, grâce à vous deux.

Du reste, tu m'as inspiré pour ce pays un intérêt dont je ne peux me défendre, à ce point que dès qu'il en est question je prête l'oreille.

L'autre jour par exemple, je me trouvais dans un café. Il y eut un grand bruit, un vacarme à ne pas s'entendre. Deux zouaves s'apostrophaient de la façon la plus grossière. Après s'être traités sans ménagement, et que les mots les plus blessants eurent été échangés, la dispute sembla s'apaiser, quand l'un dit à l'autre : « Tu n'es qu'un « vieil Algérien. — Ah ! tu m'appelles vieil Algérien. C'en « est trop : nous nous battrons. »

Je te raconte l'histoire comme elle s'est passée. Elle a

été suivie d'un duel où l'insulté a été tué. Il ne doit pas t'étonner que je désire savoir ce que c'est qu'un vieil algérien, et comment ce mot est une si cruelle injure.

Tâche donc de me l'écrire : il faut que ce soit singulier.

LETTRE XLIV

M. SIMONIN A M. ERLANGES

Monsieur,

Les émigrants sont trop pauvres, en général, pour apporter avec eux des capitaux; les banquiers, grâce à la réputation d'insécurité du pays et à la mauvaise assiette de la propriété, n'en envoient guère, et les impôts en retirent.

Vous savez de plus que les Arabes, comme tous les peuples qui vivent sous un gouvernement despotique et ceux qui sont souvent en guerre civile, ont l'habitude d'enfouir leur argent. C'est pourquoi l'Algérie manque autant de numéraire.

Aussi, comme un pays en a besoin sous peine de mort, et que, pour l'attirer, on n'a pas voulu promulguer de lois contre l'usure, il existe plus d'usuriers que de commerçants. L'un, marchand de parapluies, prête à 78 pour cent aux colons. L'autre, se fait l'intermédiaire des capitalistes honteux, petits et grands employés de toutes les administrations ; il procure l'argent à 3 pour cent par mois, et ne demande pour lui qu'une commission de 10 francs. « Je suis un serviteur du Prophète, je ne prête jamais, » dit un chef arabe des Ouled-Mekedra, et il donne 25 francs à un de ses administrés, qui lui en signe un billet de 50.

Mais ici, comme en Alsace, les Juifs sont la plaie de l'Algérie, en ce genre. Celui-ci donne 315 francs pour 500, remboursables à raison de 30 francs par mois, avec autorisation à l'emprunteur de ne payer que 5 francs par mois, mais qui ne compteront en rien pour éteindre sa dette. Celui-là prête 1,200 francs pour un an ; l'époque de l'échéance venue, le débiteur demande à renouveler l'obligation ; le créancier y consent, à condition de l'augmenter de 700 francs, rapport habituel, dit-il, de son argent. L'un, de Mostaganem, prête à 200 pour cent ; l'autre, d'Oran, à 300. Ainsi font les Israélites sans religion. Ceux qui respectent Moïse, qui craignent sa malédiction, sont aussi forts que les Jésuites, dans l'art d'éluder la loi en toute sureté de conscience. Un propriétaire empêché vint emprunter à un rabbin. Celui-ci lui dit : « Le Deutéronome, chapitre XXIII, défend l'usure ; mais, « pour t'obliger, si tu as absolument besoin d'argent, « viens avec moi chez le notaire. Nous passerons un acte « par lequel tu feras semblant de me vendre ta maison « bon marché. Je te la paierai et je te la louerai cher. « Ainsi, tu auras ta somme et j'en aurai l'intérêt, sans « désobéir à Dieu. » C'est à n'en pas en finir ; les Juifs ici, par leur cent formes de prêts, reconstituent la propriété féodale à leur profit, et vont bientôt posséder la colonie toute entière ; si l'on n'y prend garde, il faudra la reconquérir sur eux.

Enfin l'administration indigène a fait, sur un registre qui devait être présenté au ministre, le relevé des principaux usuriers de la province d'Oran. Il y en a un qui a prêté à 810 pour cent par an ; la majorité ne va qu'à 120 pour cent.

Cependant, comme un pays ne saurait longtemps subsister dans ces conditions, quelques sociétés ont cherché à jeter de l'argent sur la place.

La caisse de commerce, qui agit dans de trop faibles limites, rend de véritables services aux négociants.

La Banque de l'Algérie et ses deux succursales facilitent beaucoup les relations avec la métropole. Je la crois même plus utile pour la France que pour l'Algérie, à en juger d'après l'escompte. Son tort le plus grand est de ne payer qu'après encaissement, ce qui rend jusque-là le mandat improductif. Il me paraît aussi qu'elle n'a pas assez de succursales. On raconte que certains négociants accrédités auprès d'elle, membres mêmes de son conseil, en profitent pour lui emprunter à 6 pour cent des capitaux qu'ils prêtent à 18 et 20, sans bourse délier. Dans ce cas, il existerait peu de catholiques aussi juifs.

Ces deux établissement rivaux ne profitent directement qu'au commerce. Le ministre, pour favoriser le commerce, vient d'obtenir l'importation du *crédit foncier*.

On en dit beaucoup de mal. Les uns soutiennent que la promptitude avec laquelle le débiteur peut être exproprié en cas de retard d'un paiement empêchera d'emprunter. Ce n'est pas mon avis. Le faible intérêt (huit), comparé avec celui demandé par les usuriers, en rendra le service plus facile qu'avant. Si l'emprunteur venait à être exproprié autrefois, les lenteurs et les frais absorbaient tout ; aujourd'hui la rapidité lui garantira de bons restes.

D'autres prétendent que cette Société, étant fondée sur le crédit territorial, ne pourra rien dans un pays où la propriété est grevée d'hypothèques dans les villes et mal constituée dans les campagnes. Le crédit foncier dégrèvera les immeubles urbains des hypothèques par l'amortissement et obligera le gouvernement à ne plus donner de concesssions resolutoires mais à vendre les terres, en un mot à créer la propriété.

Les savants opposent que les fondateurs de cette banque ne mettaient pas l'agriculture en première ligne. Il n'importe : tel est propriétaire à la ville et à la campagne, qui empruntera sur sa maison de ville pour enrichir sa maison de campagne. Ces capitaux rendront disponibles ceux du commerce qui alimenteront les exploitations agricoles.

Cette Société enfin tuera la spéculation de ces colons qui demandaient des concessions pour les vendre, on les décidera à les cultiver. Elle fera concurrence à ces usuriers de France qui envoyaient leur argent pour le placer à 10 ou 15 pour cent, mais je doute qu'elle tue ceux d'Algérie ; elle n'agit pas assez en petit. Un mont-de-piété à Oran et un à Constantine seraient plus utiles.

LETTRE XLV

GEORGES SIMONIN A JULES ERLANGES

Mon cher ami,

La question sur le vieil algérien m'a pris au dépourvu. J'en ai écrit à un *taleb* distingué de la province. Voici sa réponse textuelle. Il m'a semblé bon de te la traduire mot à mot, pour te donner une idée du style épistolaire chez les Arabes.

« Louange au Dieu unique.

« A notre ami le très-excellent, très-honorable, très-
« brave, très-élevé adjoint au bureau indigène, Georges
« Simonin.

« Je te salue du salut le plus humble ; mille bénédic-
« tions de la part de celui qui te salue, ton serviteur, mille
« saluts encore !

« Que notre seigneur Mohamed te mette des roses dans
« les cheveux, qu'il te perpétue dans ta place et qu'il t'y
« fortifie de son aide victorieuse !

« Et ensuite, à l'arrivée de ce papier qui parle, tu dé-

« sires savoir ce qu'on appelle un vieil algérien ; j'aurais
« plutôt fait de t'en donner mille et un exemples qu'une
« définition.

« Un administrateur qui boit quinze verres d'absinthe
« pure avant son diner, une bouteille de rhum au milieu
« et six litres de bière au milieu. Vieil algérien.

« Si quelque juif établit une synagogue chez lui et fait
« payer ceux qui viennent y prier, s'il prête à dix pour
« cent par an et se pose en père des colons, s'il maqui-
« gnonne des affaires aux émigrants et des femmes à tout
« le monde. Vieil algérien.

« Tel jéune homme fut surpris aux genoux d'une dame
« par son mari. Elle s'écria : « vois avec quelle ins-
« tance Monsieur me demande la main de notre fille.
« L'amant fort empêché ne put refuser. Vieil algérien.

« Que cet homme, condamné pour vol avec effraction,
« épouse une femme enceinte des œuvres d'un fonction-
« naire qui lui procure, en récompense, un monopole.
« Vieil algérien.

« Lorsqu'un ecclésiastique, par charité, donne ses bas
« à une belle juive qui les porte sur la place publique, et
« ne se plaint pas qu'une actrice ait obtenu de son économe
« un billet de mille francs pour lui avoir retrouvé son
« chapelet. Vieil algérien.

« J'ai connu certain commis-voyageur qui avait été en-
« voyé par une maison de commerce de France en Al-
« gérie pour placer des marchandises. Il a gagné beau-
« coup, tenu compte de peu, en sorte qu'il est devenu
« très-riche. Vieil algérien.

« On dit qu'un comptable sur 500 écus de traitement

« a pris sa retraite avec une maison de 100,000 fr. et un
« jardin de 25,000 fr. Passé maire, il détourne une ri-
« vière à son profit, vend l'eau de l'Etat, et se sert des
« agents de police pour garder ses vignes pendant la nuit.
« Vieil algérien.

« Un juge ne paye ni ses fournisseurs ni son proprié-
« taire, emprunte à ses justiciables et boit dans tous
« les cabarets sans bourse délier. Vieil algérien.

« Être matois et trivial comme un paysan, n'avoir que
« le mérite du coq pour saluer le premier le soleil levant,
« promettre d'appuyer auprès du ministre une demande
« contre laquelle on écrit, accorder l'ouverture d'une école
« en échange d'un bijou et être préfet. Vieil algérien.

« Invente un général offrant à ses invités en manière
« de raffraichissement les bouillons et le chocolat de l'hô-
« pital, imposant aux Arabes des corvées de bois, de vian-
« des, de légumes et de piles d'écus pour son feu, sa
« table et sa femme, et poursuivant un ennemi dont il
« n'atteint jamais que le trésor. Vieil algérien.

« L'autre est un lieutenant aux affaires indigènes, qui
« meurt après un an d'exercice. Le curateur aux succes-
« sions vacantes écrit à sa famille. qu'il tient à sa dis-
« position 80,000 fr. économisés sur 150 louis d'appointe-
« ment. Vieil algérien.

« Veux-tu que je te dessine encore ce grand chef? Il
« avait un frère qui lui portait ombrage. Il suppose une
« insurrection, l'oblige à venir avec lui l'apaiser, l'égorge
« en route, et demande la croix en dédommagement
« d'une perte si cruelle. Vieil algérien.

« A genoux, révérend Père, tu engrosses ta jardinière,

« et tu promets par écrit de payer les mois de nourrice
« de l'enfant. Peu après, tu jettes à la porte et tu dé-
« nonces le mari, sous prétexte qu'il t'a forcé à signer
« cet engagement que tu as pris. L'homme va en prison,
« la femme meurt de misère, le petit est orphelin. Vieil
« algérien.

« Camarades, arrêtez la diligence et faites feu sur le
« grand chef qui va se plaindre de mes malversations.
« Il m'empêcherait de passer commandant au choix. »
« Voici comme un capitaine de bureau arabe devient as-
« sassin de crainte d'être reconnu voleur. Vieil algérien.

« Dernier tableau. Il y avait depuis longues années, dans
« une grande ville, un indigène inscrit à la police sur
« le registre des filles soumises. Un de ses amants l'a tué.
« On a constaté que c'était un homme. Vieil algérien,
« vieil algérien, vieil algérien.

« Je ne dis pas que tous ces types existent, car il en
« meurt tous les jours quelques-uns, mais tous ont existé
« et fleuri dans les premières années de l'occupation.

« C'est pourquoi ceux qui ont vu ces vieux algériens ont
« fait une injure sanglante de leur nom. Le mot a eu du
« succès, si bien qu'aujourd'hui on appelle ainsi tous
« ceux qui habitent depuis longtemps ou depuis peu, ou
« qui n'habitent pas du tout l'Algérie, mais qui ressem-
« blent aux vieux algériens.

« Voilà ce que j'avais à te dire et salut.

« Ecrit par Ben-Arbi. »

LETTRE XLVI

M. SIMONIN A M. ERLANGES

Monsieur,

On assure qu'il y a autant de bois en Algérie qu'en France. Ce sont des forêts d'oliviers, de chênes-liéges, de thuyas, de cèdres, de caroubiers, de lentisques. Mais la plupart ne sont pas exploitables, les unes pour être situées dans des marais dangereux, les autres sur des montagnes inaccessibles, le reste sans chemin de débardage.

Au milieu de ces richesses, propres à la navigation, à l'ébénisterie, au chauffage, le bois est si cher que les émigrants ne brûlent que des racines d'arbustes et des souches.

Cette pénurie tient encore à d'autres causes. Tous les pays autrefois, et l'Algérie en particulier, ont été couverts de futaies. Le besoin d'espace pour la population a déboisé l'Europe.

Ici la barbarie a commencé et la paresse continue. Les Arabes, depuis leur invasion paissent leurs troupeaux dans les forêts et les incendient pour les défricher. L'administration les a laissé faire impunément. Cette tolérance a encouragé les colons qui dès lors ont trouvé plus court de brûler que d'arracher. J'ai lu, dans les livres de mon fils, qu'en Grèce on disait au peuple que les dieux habitaient les arbres. C'était un bon moyen pour empêcher le déboisement et le pacage.

Si l'Etat ne met ordre à ces habitudes, il en peut résulter les plus graves inconvénients, pour l'agriculture et le climat. Les forêts purifient l'air, assainissent le sol, attirent la pluie et gardent l'eau qui, grâce à elles, au lieu de dévaster le terrain, le féconde.

Il est difficile de savoir qui a tort ou raison des gardes forestiers civils ou des militaires. Ceux-ci se plaignent que le génie conserve les bois tant qu'ils sont bons, et les leur donne, dès qu'ils deviennent mauvais. C'est ainsi qu'ils ont obtenu ceux d'Ismaël.

Un général a eu l'idée, pour reboiser, de créer des compagnies de soldats-bûcherons; le défaut est qu'elles sont peu nombreuses et qu'elles s'y prennent mal. Leurs plantations de pins entre autres sur les hauts plateaux coûtent cher et ne réussissent pas.

J'ai un ami fermier dans le Var. Il possédait trois cents hectares de montagnes stériles, parce que la terre végétale avait été emportée par les pluies dans la vallée. Il y sema longtemps, pour empêcher la dégradation, de la luzerne qui vint à merveille. Aujourd'hui il a planté des arbres qui, grâce à ce sol artificiel, poussent fort bien. Que ne fait-on de même ici?

LETTRE XLVII

GEORGES SIMONIN A JULES ERLANGES

Mon cher ami,

Les expositions sont ici très-nombreuses. Il en existe trois par an, dans chaque province, en mai, en septembre et en novembre. C'était du moins ainsi à la création.

Tous les jours elles tendent à diminuer, à cause de leur inutilité et de la difficulté des transports. On a, dès les premiers temps, remplacé les provinciales par des générales qui devaient se faire de trois en trois au chef-lieu de chaque province, à tour de rôle. La première fut une fête, la seconde un concours, la troisième ne fut rien. Celle d'Alger aura-t-elle lieu cette année?

On vient de demander aux conseils généraux que les fonds destinés à ces expositions momentanées soient dépensés à celles de Paris ou de l'Étranger. Oran seul en a voté pour celle de Paris qui est permanente. Celle de Londres, en 1852, où l'agriculture algérienne était représentée, je l'approuve. Elle a révélé nos produits à l'Europe et peut-être à la France, sinon à l'Algérie. Les autres sont au moins inutiles. Est-ce pour instruire les Arabes ou les stimuler ? Ils ne concourrent pas. Jamais il n'y a paru ni datte, ni henné, ni chameau.

Quelques personnes tiennent beaucoup à celles de Paris. Leur principal défaut est d'être mensongères, car voilà comment les colons y sont admis.

Un homme, par exemple, porte à la sous-préfecture, quelques bouteilles de vin du pays, à titre d'échantillon. Peu après, les bureaux lui répondent qu'il n'y en aura pas assez pour que la commission le goûte. Le vigneron consent à ne pas faire de bruit, à condition qu'il lui sera donné une étiquette d'admission. Muni de quoi, il va chez un marchand de vins, lui achète un panier de son meilleur Bordeaux et l'envoye à Paris concourir.

Bien mieux : M. Meignier est le plus honorable émigrant de l'Algérie et le premier cultivateur de la plaine du Nador. Un fermier de ses voisins, qui ne sème et ne récolte, au su de tous, que du blé, vient un jour le voir et lui « dit : J'ai fait à un de mes amis de France l'éloge de notre « tabac ; vendez-m'en donc quelques livres pour soutenir « mes prétentions. — « Non, répliqua M. Meignier, vu « le peu qu'il vous en faut et par amour-propre de colon, « je désire que vous choisissiez la fleur de ma récolte. » Le rusé la prit en effet, mais il l'envoya sous son nom à l'Exposition, où il obtint le prix.

Ces exemples prouvent que les Expositions ne prouvent rien.

Tant qu'on ne surveillera pas mieux la provenance des objets admis à concourir, on éloignera les honnêtes gens et on rendra l'institution illusoire pour les colons et les indigènes. Les expositions, même les plus consciencieuses, induisent en erreur. Tant qu'il ne s'agit que de la France, l'inconvénient est moins grave. On peut vérifier par soi-même et connaître les moyens qui ont donné les produits. Ce contrôle est impossible pour ceux d'Algérie. La vue de ces bêtes ou de ces fruits exceptionnels monte l'imagination des Français et des Étrangers, et leur prépare des déceptions.

Il y a du reste quelque chose de pire, ce sont les primes données pour développer telle culture ou telle production. — Je sais un homme qui a été primé pour avoir fait un bœuf gras d'un veau qu'il avait élevé dans sa cour. — Ici c'est un colonel qui charge deux cents hommes de faire venir du sorgho. Ceux-ci labourent le champs, le fument, l'arrosent et lui donnent de l'ombre ou du soleil.

— Là, on a consacré les ressources d'un cercle à produire une belle plantation de tabac. On a employé la main-d'œuvre d'une tribu, on a choisi le terrain, pourvu à toutes les dépenses et mis le résultat au compte d'un chef arabe.

— Plus loin, il y a de malheureux Espagnols qui cultivent le coton au prix des fièvres. Un gros propriétaire des environs achète les parties qui ont réussi, les donne comme ses cultures, et obtient leur récompense. — Un avocat, en présence de pareils exemples, court chez un pharmacien, achète une livre de cochenille et l'adresse au jury qui n'hésite pas.

L'agriculture en avance-t-elle d'un pas ?

On prétend que ces primes indemnisent les cultivateurs des sacrifices nécessités par les premiers essais. Mais à quoi servent des tentatives sur une si faible échelle? Du reste, ces récompenses ont le tort de faire naître artificiellement, pour quelques jours, des produits destinés à mourir avec leur subvention. Ce sont elles qui ont ruiné l'Algérie, parce qu'elles ne profitent qu'aux gros colons; tandis que le moyen de l'enrichir est d'encourager les petits.

Tu le vois donc, si les expositions sont décevantes, les primes sont dangereuses.

Il existe, enfin, une institution qui pourrait être fort utile, ce sont les *Chambres d'agriculture*, sociétés au nombre de trois, dont les membres nommés par l'Etat, s'occupent de toutes les questions de cultures coloniale et métropolitaine. Il est regrettable que le ministre se soit réservé le droit de les réunir, de les consulter et de publier leurs réponses. Car il n'en use guère.

LETTRE XLVIII

M. SIMONIN A M. ERLANGES.

Monsieur,

Depuis 1835, chacun a proposé son plan d'agriculture en Algérie. La majorité voulait que le gouvernement n'y cultivât, sous prétexte que c'était une colonie, que des plantes coloniales.

Il a d'abord créé un *Jardin d'essai*, puis plusieurs, où il a *essayé* de naturaliser les plantes exotiques. C'était bien. Tout le monde regrette qu'il n'ait pas persévéré dans ces expériences trop chères pour un particulier, et surtout qu'il se contente aujourd'hui de faire concurrence aux pépiniéristes.

Malgré les tentatives infructueuses de café, de cacao et de cannes à sucre, je déplore sincèrement qu'il néglige autant la culture du *henné* qui réussit très-bien en Afrique. Les débouchés ne manquent cependant pas. Il y a cent millions d'hommes sur la terre qui se teignent religieusement les pieds et les mains avec cette couleur.

Il existe beaucoup de mûriers dans la province d'Oran ; et quelques vernis du Japon tout récemment introduits donnent une soie supérieure à celle du ricin. Le climat est peut-être un peu chaud pour qu'elle devienne très-brillante, mais elle est propre aux emplois les plus délicats, puisque, depuis 1854, l'industrie s'en sert avec succès à la fabrication des peluches de chapeau. Par malheur, la population émigrante ne connait pas la sériculture ; il faudrait la propager surtout dans les écoles de filles et favoriser l'établissement de filatures.

Le tabac est de plus en plus cultivé. En 1844, il n'y avait que trois planteurs dans la province d'Alger, il y en a trois cents aujourd'hui. Du reste, l'hectare rapporte 1,400 à 1,600 fr. et ne coûte presque rien de main d'œuvre. En outre, les Arabes ne nous le volent pas comme les légumes : ils ne savent pas le cultiver, mais les vingt-six mille Espagnols de l'oranie y excellent. L'administration des tabacs en achète un peu chaque année. Il est dommage qu'elle fasse sa provision partout à la même époque, car cette plante n'est pas mûre ensemble dans les trois provinces, en sorte qu'elle n'en prend que dans la plus précoce.

Le coton est encore assez cultivé. Il est en général de qualité inférieure. Les filaments sont inégaux ; aussi faute de consistance et de maturité, s'altère-t-il au blanchissage. Néanmoins, dans certaines parties, à Relizane par exemple, il donne 800 fr. par hectare. Un de ses avantages est d'occuper le terrain dans le temps que les céréales lui laissent libre et de pouvoir servir de jachère. Mais il est d'une culture coûteuse. Peu de colons peuvent se vanter d'en vivre, à moins de la faire de moitié avec les Arabes. Le préfet ne croit pas à son avenir.

L'Afrique produit des figues avec lesquelles les indigènes fabriquent leur pain et les Juifs leur eau-de-vie, des grenades qui empoisonnent les chameaux, et les dattes, seule nourriture des habitants du désert.

Cependant on a fini par où l'on aurait dû commencer, c'est-à-dire par consulter la routine des indigènes. Les orangeries réussissent fort bien dans le centre ; mais elles sont d'un établissement difficile. Il leur faut un terrain profond, riche, perméable, avec des abris frais, et des eaux abondantes. Au reste, le rapport, s'il est tardif, est avantageux. Il existe dix mille orangers dans la province d'Alger qui donnent cinq à six cents fruits par arbre, c'est-à-dire quarante-quatre millions. J'ai un ami, dans la province d'Oran qui a, l'autre jour, trouvé vingt mille citrons en huit sujets. Leur récolte n'est guère bonne que tous les deux ans parce que les cultivateurs ne s'occupent pas d'empêcher que les fruits et les fleurs se rencontrent.

Les Kabyles possèdent des forêts d'oliviers en exploitation. Malgré leur ignorance de la greffe et leur mauvais pressoirs, ils en tirent un grand profit. Quelques colons en cultivent avec avantage.

Le blé rapporte beaucoup, notamment dans la province de Constantine. A cet égard, l'Algérie est plus qu'un territoire ajouté à la France. Car ici ce céréale est meilleur que dans toutes les autres contrées. Il n'exige pas autant de soins, s'entasse plus haut, se conserve davantage, laisse moins de son, produit plus de farine et donne un pain plus nourrissant.

Les Arabes coupent l'orge une première fois en vert pour la nourriture des bestiaux. Le regain seul vient à maturité, ce sont deux récoltes.

Avant l'occupation, les indigènes avaient des vignes, mais ils mangeaient leurs raisins secs ou frais sans les convertir en vin; par dévotion, les Israélites seuls en fabriquaient, toutefois, une petite quantité. A notre arrivée, quelques députés ont proposé d'interdire la culture de la vigne, quelques autres de la permettre là où elle ne réussirait pas, ceux-ci de la frapper d'un droit, ceux-là d'imposer les pressoirs. L'administration l'a tolérée. Les premiers essais furent malheureux. Les colons faisaient venir des plans de leur pays sans souci de l'exposition ni du sol. Aujourd'hui l'Afrique possède cinq mille hectares de vignes en pleine prospérité. Medeah, Miliana, Mascara donnent des vins de liqueurs fort bons, ce qui n'a rien d'étonnant près de Madère et sous la même latitude. Ceux de table sont légers, mais ils ne se conservent pas parce que les émigrants vendangent trop tôt, soit dans la crainte des chacals, soit par besoin d'argent. Grâce au remaniement des tarifs douaniers, cette culture fera la richesse de l'Algérie comme elle est une de celle de la France.

Les légumes tels que les betteraves, les fèves, les pommes de terre et les pois chiches y viennent à merveille dès qu'ils sont arrosés. Les fermiers n'attendent que des débouchés pour en planter davantage.

Du reste, les quatre cinquièmes des espèces végétales d'Europe se retrouvent ici. Elles en diffèrent plutôt par l'abondance et la précocité que par la saveur.

P. S. En présence de pareils trésors, monsieur, vous

devez comprendre si je désire ma concession pour l'ensemencer. Mais, comme je ne doute pas que vous ne vous
employez à me la procurer, ce n'est pas une plainte que
je vous adresse, ce n'est qu'un regret et un remercie-
ment.

LETTRE XLIX

GEORGES SIMONIN A JULES ERLANGES

Mon cher ami,

Il n'y a que les cochons qui réussissent en Algérie. C'est un axiome.

Tous ceux en effet qui se sont adonnés à l'élevage de la race porcine, se sont enrichis. Je regrette que l'administration suscite autant de difficultés, pour la création d'une porcherie dans la campagne, que l'on en ferait dans une grande ville de France.

Le bœuf arabe ne demande qu'à être soigné pour devenir énorme. Quelques colons s'en servent pour labourer; jeunes, ils coûtent moitié moins à nourrir que des chevaux, et vieux, ils se vendent à la boucherie.

On a essayé d'acclimater des vaches suisses et des bretonnes; les efforts ont été inutiles. Celles d'Espagne, qu'on a introduites, sont mauvaises laitières, mais valent deux bœufs pour le travail.

Tous les peuples chez lesquels la propriété n'est pas divisée, sont riches en troupeaux. Les Arabes, faute de couper les foins de leurs prairies, ne peuvent pas faire de provision pour leurs bestiaux, mais ils n'en possèdent qu'autant que la saison la moins fertile leur permet d'en nourrir aisément. Leurs nombreux moutons, qui n'ont pas d'embonpoint, donnent une assez bonne laine. Plusieurs fermiers ont senti la nécessité de faire des importations étrangères et des croisements judicieux. L'introduction des mérinos offre d'excellents résultats, et l'idée de donner aux moutons des figues pour les engraisser, a très-bien réussi.

La réputation du cheval arabe est faite. Mais il n'y en a pas en Algérie, sinon chez les riches indigènes. Ce qu'on vend d'habitude pour tel est le barbe. Il l'emporte sur les autres par la facilité à supporter tous les temps, par sa vigueur, sa frugalité, sa douceur, sa vitesse et sa force. C'est le cheval de guerre par excellence.

Le chameau a été fait pour le désert. Il ne marche bien qu'en pays plat, et il est sobre autant que patient. Tu vois que son nom au lieu d'être une injure devrait être un éloge.

Il y a aussi des chiens en Algérie, mais à la voracité près, ils sont comme ceux d'Europe.

Je ne connais que ces animaux domestiques. Les autres sont la gazelle à l'œil de femme, le faucon qui sert aux grands chefs pour la chasse, les lièvres, les perdrix rouges et les sangliers qui manquent de goût, des bécasses et des poules de Carthage succulentes, des singes qui s'enivrent de raisins, des chacals qui volent tout, enfin quelques panthères et quelques lions pour intéresser la France à l'Algérie.

Il ne faut oublier personne. Les ânes ici, comme dans tous les pays montagneux, sont petits et sobres. Rien n'est plus commode pour tout faire, course, transport, labour, fumier et le reste. Si la colonisation a réalisé quelques progrès, c'est aux ânes qu'on le doit.

LETTRE L

PAUL D'ORLY A Mme ERLANGES

Madame,

Il y a une huitaine de jours, je me suis souvenu que mon congé allait expirer. Aussitôt, j'ai regagné mon poste par le plus long, pour visiter l'Algérie.

Certes, il existe dans la province d'Oran des hauts plateaux arides, et autour de Constantine des plaines stériles, mais partout ailleurs la fertilité est merveilleuse. Les Arabes l'ont consacrée en appellant Mostaganem, la vallée des jardins; Blidah, la ville des fleurs; Bone, la cité des jujubes; Tlemcen, la terre des cerises, et le Sahara, la province des palmiers. Jamais noms ne furent mieux mérités. Ici, le sommet des montagnes est ceint d'oliviers. A mi-côte, poussent d'immenses forêts de chênes-liége et d'autres à glands doux qui s'étendent au-delà de la vue, pour la charmer. Là, des aloès, grands comme des arbres et forts comme des grilles, entourent des clos bien cultivés, remplis en tout temps de prairies, de fraises et de petits pois.

Au-dessus, se balancent des poires, des pommes, des citrons et des grenades. Plus loin, s'élèvent des champs de maïs et des bananiers couronnés de régimes. Sur les côteaux, la vigne foisonne de gros raisins cuivrés par le soleil. Dans une gorge privilégiée on retrouve la Caroline du Sud, avec ses cotons à longue soie. Partout, ce sont des corbeilles de blé, rafraîchies par des ruisseaux que bordent des lauriers-roses. Autour, en amphithéâtre, verdoyent des orangers, cousus en même temps de fleurs de lis et de fruits d'or. J'ai surtout admiré, sur la limite du désert, une petite ville, entourée de cultures, abritée par des bois et voisine d'une rivière. Les indigènes m'ont dit que c'était une jeune fille couchée, au bord d'une forêt, sur l'herbe, les pieds dans l'eau.

Si faible que soit cette peinture, elle donne lieu de s'étonner que le gouvernement fasse de l'Algérie une colonie militaire ou une colonie maritime, plutôt qu'une colonie agricole. J'estime toutefois qu'il y viendra, forcé par la nature du sol et par la beauté des produits, le jour où il consultera enfin les lois du climat, plutôt que les conseils d'une politique mal entendue.

Quelques petites tentatives ont été déjà faites, mais elles ont avorté, soit par l'incapacité des uns, soit par l'intervention des autres.

Loin de moi, de réclamer contre a suppression des pénitenciers d'hommes. Ces établissements sont trop étroits, et l'occupation intérieure des condamnés permet trop de libertinage à leur imagination. Ils s'y dégradent, au lieu de s'y améliorer.

J'aimerais à voir fonder en Algérie, dans chaque province, une de ces fermes-écoles, comme Mettray, qui a donné de si beaux résultats. Car, M. de Metz a supérieurement montré ce que peut la vie en commun pour stimuler au bien, le travail des champs pour chasser les passions par la fatigue, et l'air pur pour fortifier le corps, en même temps que pour assainir l'esprit.

Il n'est pas assez d'en avoir créé à l'usage des Arabes coupables, comme moyen, tout en leur faisant expier une faute, de leur enseigner l'agriculture qui les fixe au sol, c'est-à-dire qui les rend amis de la paix, mère de la civilisation.

L'Etat devrait aussi, par des récompenses et des encouragements à la culture, attirer ici ces hommes que la théorie fait utopistes et que la pratique éclairerait ; ces jeunes gens qui courent dans les villes après la fortune qui les attend dans les campagnes, qui encombrent des professions moroses, malsaines, luxueuses, plutôt que d'être, au manche d'une charrue, des gaillards riches et bien portants, avec une bonne femme qui leur apporterait la soupe, et une légion de petits enfants qui fouetteraient leurs chevaux.

Je n'en serais pas où j'en suis arrivé, si j'avais vu ce spectacle plus tôt.

Faut-il que je sois trop vieux pour vivre de cette vie-là ! Toutefois j'y mourrai, et les fermiers que je connais écriront en France avec quelle douleur un Parisien a regretté de n'avoir pas été comme eux vigneron, laboureur ou berger. Cet exemple en fera peut-être venir quelques-uns. Et je m'en irai plus tranquille, dans l'espoir de produire un peu de bien, du moins après ma mort.

LETTRE LI

M. SIMONIN A M. ERLANGES

Monsieur,

Au moment où j'allais vous écrire sur les cultivateurs, je reçus cette lettre de mon fils :

« ... La plus grande partie des terres appartient aux « Arabes. Ils ont surtout des pâturages et élèvent du bé- « tail. Tous font aussi un peu de blé. Leur charrue est « formée d'un soc en bois terminé par un fer plat en « forme de semelle de soulier. Sur ce soc est un long man- « cheron en bois grossier assez droit, tendu au moyen « d'une double corde d'alpha qui s'attache au soc et se « tord à l'aide d'un petit bâton comme la corde d'une « scie. A cet instrument sont attelés deux petits chevaux « dont tout le harnais, aussi d'alpha, consiste en un licol « qui remplace la bride et qui tient à une corde passée « au cou du laboureur, et en une sorte de briccol, garni de « lambeaux de drap ou de cuir, d'où partent les traits qui « se lient à une traverse fixée au corps de la charrue.

« L'Arabe choisit pour l'ensemencer un terrain où les
« broussailles laissent des intervalles nus. Il les entoure
« d'un sillon, puis, du blé dans son bernouss, il se pro-
« mène en le jettant avec parcimonie sur l'espace irrégu-
« lier qu'il a labouré, enfin il en racle la superficie avec
« sa charrue sans versoir. Après quoi, vienne la récolte,
« il la coupera à la faucille.

« Manque de herse pour recouvrir ses céréales et les
« mettre à l'abri du soleil et des oiseaux, et manque de
« faux pour scier le blé, l'Arabe en perd beaucoup. L'Eu-
« ropéen en perd également, mais par l'insuffisance de
« bras pendant la moisson. Aussi un grand nombre d'in-
« digènes entrent-ils au service des colons comme ou-
« vriers ou comme *crammès*. On appelle ainsi un fermier
« auquel on fournit une terre, des instruments agricoles
« et du blé et qui, après la récolte, vous en rend le cin-
« quième brut, plus un dixième. Les Arabes, à cela près
« qu'il faut se plier à quelques-unes de leurs habitudes,
« font d'excellents ouvriers, se nourrissant eux-mêmes,
« travaillant beaucoup et se louant bon marché vu le peu
« de besoins qu'ils ont. Leur main d'œuvre a été maintes
« fois très-utile. Par exemple, les Kabyles ont rendu de
« grands services aux exploitations européennes pour le
« demasclage des liéges et la greffe des oliviers.

« Il y a des émigrants qui vont travailler dans les fermes
« voisines de chez eux ; mais c'est l'exception. La plupart,
« si pauvres qu'ils soient, préfèrent gagner moins et la-
« bourer leur champ. Faute de capitaux, ils ne font ni
« engrais, ni assolement, ne cultivent que des plantes
« d'un produit immédiat et négligent les fourrages. Pour-

« tant à force de travail, d'économie et de conduite, ils
« arrivent à gagner leur vie, tant bien que mal, s'agran-
« dissant peu à peu, tantôt d'un lopin de terre, tantô^t
« d'une tête de bétail. C'est la petite culture.

« Quelques riches concessionnaires possèdent les meil-
« leurs lots, les font défricher par des soldats et gérer par
« des intendants. Car eux, pour la plupart, ne sont jamais
« venus en Afrique. On dit que certains y ont enfoui la
« moitié de leur fortune. Aussi leur donne-t-on toutes les
« primes et les encouragements. J'y applaudis : l'argent
« jeté dans une colonie naissante en attire d'autres. Mais
« leurs fermes ne prouvent rien : ce sont les théâtres sub-
« ventionnés de l'agriculture algérienne.

« Enfin, je ne veux pas oublier trois établissements qui
« sont dûs à des sociétés d'esprit tout à fait divers. Le
« gouvernement a concédé à chacune, dans une province
« différente, une grande étendue de terre, de bois et
« d'eau. La Trappe de Staouëli, l'Union du Sig et la Com-
« pagnie genevoise.

« L'une, toute religieuse, s'est donnée auprès des Ara-
« bes, comme un modèle de vertu catholique et d'écono-
« mie agricole. C'est pourquoi le maréchal Bugeaud, après
« en avoir posé la première pierre, en a construit tous les
« bâtiments ; les soldats ont défriché le terrain, le préfet
« l'a affranchie de toutes les charges communales en im-
« pôts et en travaux de route, enfin les aumônes l'entre-
« tiennent. Les résultats sont beaux ; mais comment sont-
« ils obtenus ? nul ne le sait. Modèle d'économie chré-
« tienne, tant que vous voudrez ; modèle de vertu
« agricole, non pas.

9.

« L'autre, toute économique, voulait montrer ce que
« pouvait l'union du capital et de l'intelligence. Il y eut
« de sérieuses difficultés pour résoudre le problème,
« parce qu'on fit en grand, ce qu'il aurait fallu faire en
« petit. Aussi, l'union règne au conseil des actionnai-
« res qui cherchent à s'exclure l'un l'autre ; l'intelligence
« réside dans le gérant, qui est un ancien coiffeur ; le ca-
« pital est représenté par des dettes ; enfin, le travail est
« abandonné à des colons qui louent les terres et les lo-
« gements de la ferme. A cela près, c'est une humaintai-
« serie.

« La dernière, sous la direction d'un banquier, qui re-
« çut Napoléon III lors de son exil en Suisse, s'est pro-
« posé, moyennant des concessions de terre, de coloniser
« l'Algérie en créant des villages et en faisant venir des
« émigrants. Elle a atteint son but comme ses rivales de
« la province d'Oran et de celle d'Alger. Les commence-
« ments avaient été très-bons pour elle et pour l'Algérie.
« Mais soit par ignorance agricole, soit par mauvaise ges-
« tion, soit par avarice, leur dernier compte rendu cons-
« tate un certain découragement. Aussi accuse-t-elle
« l'autorité militaire d'en être la cause. »

Malgré toutes les plaisanteries de mon fils, je suis pour
les petites propriétés contre les grandes. Si utiles que
soient celles-ci pour amener les capitaux, elles le sont encore plus pour les absorber ; quoique excellentes pour
lutter contre l'État et les bureaux arabes, elles font en-
chérir la main d'œuvre et prennent toute l'eau. On dit
que ce sont les grandes propriétés qui ont ruiné l'Afrique
romaine ; j'en suis convaincu chaque jour davantage. Le

pays le plus riche de l'Europe, celui qui rapporte le plus
au domaine, qui est le mieux cultivé, c'est l'Ile de France;
il est le plus divisé.

LETTRE LII

M. SIMONIN A SON FILS

Mon pauvre ami,

Tu m'as sans doute accusé d'une grande négligence. Lorsque tu sauras pourquoi je n'ai pas répondu plutôt à tes bonnes lettres, tu m'excuseras aisément.

Depuis notre départ de Philippeville, nous n'avons eu que des peines et des malheurs à essuyer à la maison. En arrivant ici d'abord je vois ta mère et tes trois oncles atteints de la fièvre, puis deux domestiques le sont de même. Peu après un autre domestique, notre compatriote, a un bras fracassé par la machine à battre, et il faut l'amputer. Ensuite tout le monde est brisé par le fléau. Je reste seul clopin clopant pour soigner chacun de chambre en chambre, de lit en lit. Bientôt c'est à moi aussi. Et à peine quelques-uns peuvent-ils se lever pour donner à manger au bétail. Enfin, un de tes oncles meurt à l'hôpital.

Depuis, nous sommes tour à tour convalescents huit

jours, puis malades quinze, et sans cesse de même depuis le mois de septembre.

Cependant les accès commencent à diminuer et nous avons pu enfin nous mettre à labourer la semaine dernière.

Dans la crainte de rester dans ce pays pestilentiel, j'ai écrit au ministre pour lui rappeler notre demande de concession en lui exposant notre triste état. Il nous a répondu aussitôt qu'il venait de prescrire au préfet du département de hâter l'instruction de cette affaire, afin de nous installer bientôt.

Comme je désire connaître où elle en est au bureau de Constantine et que je ne saurais m'y transporter en ce moment, aie l'obligeance, mon cher ami, de t'en informer pour que nous sachions à quoi nous en tenir, et de m'envoyer le plutôt possible des nouvelles sinon les titres de concession.

Ecris-moi toujours où nous sommes convenus jusqu'à contre-ordre, car on me soustrait quelquefois les lettres qui me sont adressées.

Je te recommande de t'occuper de suite de ma commission. Dis-leur notre horrible situation, que j'ai fait une pétition à l'empereur, que le ministre m'a répondu et que nous dépérissons dans cette incertitude où nous sommes depuis quinze mois.

Je ne t'en mets pas davantage aujourd'hui. Tu comprends que ma convalescence est accablée de besogne.

Ta mère et moi nous t'embrassons, et sommes en attendant ta réponse....

LETTRE LIII

GEORGES SIMONIN A JULES ERLANGES

Mon cher ami,

Je reçois à l'instant une lettre de mon père qui me fait pleurer. D'autant que je le connais, il ne me dit sans doute que la moitié de ses souffrances et ne me parle pas de ma mère, pour éviter de mentir ou de m'affliger par la vérité. Sa position va de mal en pis. Ce n'étaient pas assez que leurs quatre sous, indispensables pour obtenir une concession, s'épuisassent peu à peu. Voici les accidents, les fièvres et la mort qui entrent dans la maison. Le découragement est à son comble. Et l'avenir sans espoir.

Mon père est las d'importuner ton oncle. Cependant les choses ne peuvent pas en rester là. Il faudrait aviser à quelque moyen de le sortir de cette position.

A la veille de la discussion du budget de l'Algérie, le ministre doit écouter aisément les députés. Si ton oncle faisait une démarche, je suis sûr qu'elle serait bien accueillie.

Conjure-le, au nom de l'amitié qu'il a pour moi et de la bienveillance qu'il porte à ma famille. S'il résiste, montre-lui la lettre de mon père, que je joins à la mienne, autorise-le à la lire au ministre, elle l'émouvra. Car la position de mes parents est trop triste pour que quiconque y peut porter remède la laisse durer.

Si cette démarche ne réussissait pas, écoute-moi bien. Il y avait autrefois deux ressources pour obtenir une concession. La première consistait à prêter sa femme, sa sœur ou sa fille à qui de droit. Elle n'est plus pratiquable. Mais l'autre subsiste toujours : une concession se donne à qui peut s'en passer. Que ton oncle demande la concession pour lui et nous l'aurons.

Je compte sur ton appui. Mille remerciements. Au revoir.

LETTRE LIV

PAUL D'ORLY A Mme ERLANGES

Madame,

Vous devriez venir passer l'hiver ici. Ce n'est point par égoïsme que je vous parle de la sorte. Je suis sûr que vous vous en trouverez bien.

Il y a un préjugé contre le climat d'Algérie. On croit volontiers que Cham lui a porté malheur; tandis que Dieu a voulu donner à l'enfant maudit un pays privilégié. Ici la petite vérole et la phthisie sont inconnues, mais non pas les bons médecins, parmi lesquels le jeune docteur Fonteneau occupe le premier rang par ses connaissances générales et locales. Tous les jours Alger reçoit des convalescents dégoûtés de Nice et de Florence. L'amélioration de ma santé depuis mon arrivée atteste ce que je vous dis.

Grâce à la brise de mer, la température descend si peu, qu'elle varie entre celle du sud de l'Espagne et celle du nord de l'Egypte. Toutefois quelques précautions sont nécessaires à prendre contre les dyssenteries et les maux d'yeux. Il faut se couvrir plus le soir et le matin que dans le milieu du jour et se bien garantir de la fraîcheur des nuits.

Je ne parle que des villes du littoral où viennent les malades.

Dans celles de l'intérieur, tous les climats moyens de l'Europe sont représentés. La seule différence est de loin en loin 'dans le règne momentané de l'âpre et pénétrant Siroco. Mais on l'évite en restant chez soi.

Dans les campagnes, la mortalité est assez grande, quoique la vie soit plus longue que dans les colonies anglaises; mais les émigrants sont-ils excusables, sous prétexte que l'eau est saumâtre, de la remplacer par l'absinthe; qu'ils sont avec des étrangers, de s'adonner à la débauche; qu'il fait chaud, de ne pas se vêtir; qu'ils bâtissent eux-mêmes leurs logements, d'essuyer des plâtres. Qu'ils regardent les Arabes. Leurs longs costumes sont aussi épais dans une saison que dans l'autre et ne changent que de couleur, noirs l'hiver et blancs l'été. Leur tête et leur cou sont toujours à l'abri du soleil et leur sobriété de liqueur est réelle. Qu'ils fassent la sieste pendant le midi et qu'ils couchent au besoin sous des tentes.

Hélas, ils ne sont pas les seuls coupables. Si la terre, inculte depuis des siècles, exhale, sous le hoyau, des miasmes fiévreux, s'il existe des marais pestilentiels, si les arbres manquent pour purifier l'air et si les rivières sont, pour la plupart du temps, malsaines; la faute en est un peu à l'État qui ne défriche pas, qui ne canalise pas.

Après ces travaux publics, je doute que ce pays se maintienne insalubre, quand je retrouve, parmi ses habitants, les neveux de tant de générations qui s'y sont ac-climatées depuis les Vandales jusqu'aux Turcs. C'était du reste un proverbe chez les Romains : En Afrique, on ne meurt que d'accident.

LETTRE LV

M. ERLANGES A M. SIMONIN

Mon cher monsieur,

Béni soit Dieu! L'ordre de vous installer dans une concession a été signé hier par le ministre. Il a écrit de suite au préfet de votre département pour vous faire mettre aussitôt en possession. J'espère que ce long retard ne vous aura pas causé un préjudice irréparable. Toutefois il est bien entendu que je reste à votre disposition, car je vous dois toutes mes connaissances sur l'Algérie.

Vos dernières lettres m'ont surtout frappé. Autant qu'il me paraît, en Afrique, le gouvernement a trop favorisé l'agriculture au préjudice de l'industrie. Il a offert des primes de toute sorte à l'une, et soumis l'autre à des droits excessifs.

J'excuse cette préférence : l'agriculture est le premier né des arts. Cependant elle ne peut suffire; elle donne à chaque jour son pain, mais elle n'enrichit pas. Le seul travail du sol ne saurait faire la prospérité d'un pays; les populations agricoles vivent dans la médiocrité, comme tous les peuples qui commencent.

Le remède à cet état, c'est l'industrie qui centuple la production, attire les capitaux et enfante le commerce.

Il y a plus qu'une faute financière, il y a une faute coloniale de ne pas le protéger autant. Nombre de paysans ici désertent l'agriculture pour l'industrie, ils ne viendront pas s'y adonner en Algérie. Les émigrants, sortis des villes, se ruineraient à s'en occuper, puisqu'ils ne la connaissent pas.

Bien plus. Au point de vue des Arabes, cette branche n'excite pas leur jalousie ; elle leur apprend à utiliser des produits dont ils ne savaient pas tirer parti, enfin les civilise davantage, puisqu'elle rend sédentaire.

Du reste mes plaintes ne s'adressent pas à vous, cher monsieur ; vous avez raison, vieux cultivateur de France, de faire de la culture en Algérie.

J'ai vu avec plaisir que la vigne était appelée à de très-grands succès. L'histoire m'a démontré que le mouvement intellectuel et moral de l'homme est d'ordinaire en rapport avec la culture du raisin; exemple, la Grèce, l'Italie et notre patrie. Plantez-en donc et fournissez de vin l'Angleterre, la Russie et l'Amérique.

Je n'ai pas besoin de vous recommander le froment.

Mais il est un produit sur lequel je me permettrai d'insister, c'est le coton. Vous m'avez dit qu'il réussissait assez chez vous. Il faut en semer beaucoup. Je vous aiderai de ma bourse, au besoin. Car il joue dans le monde un rôle immense. Je ne puis mieux vous l'expliquer que par ce dialogue récent.

Un membre de la Chambre des communes demandait à son fils : « Combien y a-t-il d'éléments.

— Quatre, dit l'enfant.

— Lesquels?

— L'air, le feu, la terre et l'eau.

— Et le coton, s'écria le père. »

Faites-en donc beaucoup. Vous comprendrez quelque jour l'importance politique, industrielle et sociale de ce textile.

Au revoir et bonne chance.

LETTRE LVI

M. SIMONIN A M. ERLANGES

Monsieur,

Je viens enfin, grâce à vos soins, d'obtenir une concession à B***.

C'est un centre de population qui a été décrété récemment. Il possède déjà une place publique, avec une fontaine en pierres de taille, plantée d'acacias, des trottoirs dans tous les projets de rues, une mairie, une église et quelques maisons superbes. Rien n'y manque que de l'eau. Nous sommes obligés de boire celle de la rivière qui est boueuse en hiver, fangeuse en été, toujours remplie d'insectes et chargée de sel puisqu'elle blanchit ses berges. On raconte qu'en Russie les ministres improvisent ainsi des villes en carton sur le passage des Czarines.

Le service des domaines m'a donné deux lots; l'un dans le village où je devrais me construire sur plan une maison et un jardin; l'autre dans la campagne, à un kilomètre, pour le cultiver. J'augure mal de cet éloignement entre l'habitation et la terre.

Près d'ici déjà, l'Etat avait décrété un centre sur le bord d'une route ; tous les émigrants ont bâti au milieu de leur concession. Il les a expropriés pour n'avoir pas rempli les conditions ; c'est à repeupler ; mais personne ne veut y venir à ce prix. Toutefois l'administration n'en tient pas compte : ces gens partis n'en font pas moins nombre dans la statistique.

En attendant que je puisse avoir une maison, je me suis logé sous une tente.

Un jour que j'avais jeté mes épluchures devant ma porte, je reçus une assignation, et peu après j'étais condamné pour infraction aux réglements sur la voirie. Aussitôt, quel fut mon regret de n'avoir pas demandé ma concession en territoire militaire ; mais on me dit qu'il y avait d'autres inconvénients.

Pour la fondation d'un centre, le Génie s'occupe surtout *des conditions stratégiques*. Il l'adosse le plus souvent à des marais ou à des rochers pour le mieux fortifier. La supériorité de l'administration militaire sur la civile, c'est de pouvoir plus aider les colons, quand elle le veut. Elle lui prête des tentes jusqu'à ce qu'ils aient bâti, des soldats pour construire, des instruments pour défricher et elle achète leurs produits. Toutefois les troupes, si elles sont utiles pour consommer, par cela même créent un débouché factice, car elles changent d'un moment à l'autre. Enfin elles sont une cause de désordre et de mauvais exemple. Les mauvais sujets ne sont jamais seuls. C'est l'armée qui, par l'habitude de corriger en Algérie l'eau avec de l'absinthe, a amené en France l'usage de corriger l'absinthe avec de l'eau.

Le véritable avantage des villages militaires et qui les fait prospérer, c'est que les Juifs n'y peuvent venir.

Aujourd'hui que la sécurité est complète, qu'il y a des fortins, des camps, des bordjs et des casernes plein l'Algérie, le mieux, à mon avis, serait de permettre aux émigrants de se placer où bon leur semble, et de se grouper à leur guise : l'intérêt privé est merveilleux pour savoir distinguer ce qui lui convient.

Toutefois, je vais me mettre à l'œuvre, d'arrache pied, Ma famille et moi nous vous remercions.

LETTRE LVII

PAUL D'ORLY A Mme ERLANGES

Madame,

Les Arabes appellent l'Algérie « le pays de la soif; » et toutes leurs poésies contiennent l'éloge de l'eau, parce qu'on vante toujours ce qu'on n'a pas.

En effet, l'eau manque beaucoup ici. J'ai bien trouvé quelques rivières qui se jettent dans la Méditerranée, mais, comme des torrents, elles traversent cette contrée sans l'arroser et la dégradent plutôt qu'elles ne la baignent.

Les sources sont rares et il ne pleut guère. Cependant le soleil est toujours sur l'horizon, brûlant les cultures, laissant les moulins à sec, tuant les animaux et enfièvrant les hommes.

La question des eaux est donc la plus importante à résoudre.

Le plus court moyen serait peut-être de rechercher les rivières défoncées ou engravées par incurie, et de les nettoyer, comme l'Oued-Temouchen qui sort de terre à un kilomètre moins loin qu'il ne faisait il y a cinq ans. Les Romains, en Algérie, avaient encore un autre système, conservé par les Arabes, qui est de faire des aqueducs et de daller en bois ou en pierre les cours d'eau pour ne pas les perdre. Le gouvernement a trouvé plus simple de s'en réserver la propriété. Puis il a créé une administration avec de nombreux employés chargés de distribuer également ce don de Dieu. En 1858, à Setif, on voyait les colons venir à la fontaine publique, dès 4 heures du matin et faire queue comme au théâtre. Les agents de police empêchaient qu'on n'en prit plus d'une cruche.

Peu à peu, dans la crainte que la légalité ne tuât le but de l'institution, l'Etat a fait des concessions nombreuses à des grands propriétaires au préjudice des centres de population comme à Miserghin et au Tlélat où certains colons n'obtiennent qu'une heure d'eau par semaine.

Les primes n'ont pas manqué. On en a offert pour la construction des puits à manége qui commencent à se multiplier.

Mais le meilleur moyen employé ici pour avoir de l'eau, ce ne sont pas les citernes de la province de Constantine, ce sont les barrages dont celui du Sig est le chef-d'œuvre.

Lamoricière avait remarqué au fond d'une gorge étroite et sauvage l'existence d'une petite rivière qui n'était jamais à sec. Il eut l'idée, à l'endroit où elle débouche dans la plaine et s'y précipite en cascades inutiles, de construire une muraille de 9 mètres d'élévation sur 42 mètres de large qui retînt l'eau pour la répandre ensuite à droite et à gauche.

Aujourd'hui elle porte la richesse et la santé sur une

étendue de 32 hectares en été, et de 80 en hiver, à une population immense, autrefois pauvre et fièvreuse qui en a fait son père nourricier, comme jadis les Lydiens adoraient le Pactole. On en jouit autant par le cœur que par les yeux.

Il nous reviendra peut-être plus d'honneur encore de nos puits artésiens dans le sud. Figurez-vous des étendues incommensurables de sables calcinés. De loin en loin un groupe de palmiers, de rares animaux, des indigènes obligés pour trouver le frais de se cacher dans la terre et les étrangers mourant de soif. Un ingénieur du génie arrive, sonde l'oasis de Tamerna et en fait sortir un jet d'eau de 4,000 mètres par jour. Il produit le même résultat à Sidi-Rached, à Dram. Les habitants, comme le peuple de Dieu après le miracle de Moïse, boivent pour s'assurer que ce n'est pas un de ces mirages de leur pays; ils arrosent les palmiers auxquels, depuis quatre années, en échange de leurs dattes, seule nourriture de ce désert, ils n'ont pu donner de quoi se désaltérer. Les jeunes gens tirent des coups de fusil à notre gloire, les marabouts demandent notre salut à Mohamed, les femmes mêmes poussent de petits cris de joie. Tous appellent le puits artésien : « Source de la paix, fontaine de la prospérité et fleuve de la vie ! »

Nous autres gens du nord, madame, nous apprécions mal l'importance de l'eau. N'est-ce pas elle pourtant qui désaltère l'homme, abreuve ses bestiaux, purifie son air, féconde ses champs, aide son commerce et centuple son industrie. Laissons-là les fables grecques qui font de Rhée la mère de toutes choses. L'histoire l'atteste. C'est l'eau qui réunit les populations autour d'elle. La première ville est née sur une rivière. Il n'y en a pas eu de grandes sans elle depuis Babylone jusqu'à Paris. Enfin si l'Amérique a été civilisée dans un court espace de temps, si elle attire tous les émigrants d'Europe, elle le doit à ses fleuves. Si l'on peut douter de l'avenir de l'Algérie, c'est qu'elle n'en a pas assez.

LETTRE LVIII

M. SIMONIN A M. ERLANGES

Monsieur,

On manque ici beaucoup de bras pour bâtir, cultiver et défricher.

Je connais un fermier de la province d'Oran, qui a demandé à l'administration civile de lui obtenir des hommes. Elle lui a répondu que l'administration militaire n'en donnait pas, trouvant peu convenable que des soldats fussent au service de bourgeois. Mon ami se plaignait amèrement de cette sévérité, surtout depuis qu'il savait qu'à El-Arouch, une compagnie de grenadiers faisait les défrichements, les plantations et les cultures, moyennant 75 c. par jour, plus une surtaxe de logement, au total 1 franc. Un major de zouaves, qui se trouvait là par hasard, assura que ce ne sont pas les généraux, mais bien les préfets qui s'opposent à ce que l'armée loue sa main-d'œuvre aux émigrants, sous prétexte d'éviter les conflits. Je voudrais bien savoir la vérité.

En voyant combien de militaires libres ou condamnés le gouvernement a prêtés au génie et aux ponts et chaussées, pour créer le jardin Marengo, la route de Mers-el-Kebir, le chemin de la Chiffa, on se prend à regretter qu'ils ne défrichent pas les terres domaniales, où tant de malheureux se sont ruinés. Quand on sait le nombre de troupes que l'Etat a données pour construire et installer la Trappe de Staouëli, l'Orphelinat de Miserghin, celui du Père Bruneau, l'établissement des Sœurs de Saint-Vincent-de-Paul et autres, je me demande si ce qui a été utile à l'administration et aux colons religieux, ne le serait pas aux particuliers et aux colons laïcs.

J'ai songé à me servir d'Arabes. Ils ne se louent pas cher, grâce à leur sobriété et à leur simplicité. Mais les difficultés à remplir pour les avoir sont si nombreuses, que j'ai dû y renoncer.

Un grand chef indigène, auquel je contais ma peine, me dit : « Que n'achètes-tu, comme nous, des nègres? Leur travail est bon, leur service doux, et ils sont tempérants.

— Vous avez des nègres, après l'abolition de l'esclavage?

— Oui.

— Comment ne s'enfuient-ils pas de chez vous?

— On les en a dégoûtés. En 1848, après l'émancipation, trois d'entre eux, pour ne pas tomber de la servitude dans la misère, voulurent s'engager aux tirailleurs algériens. Au premier vent qu'il en eut, leur kalifat se les fit amener et les tua à coups de pioche.

— La justice ne s'en mêla pas?

— C'était en territoire militaire. Du reste, quand il s'agit d'une négresse qui veut reprendre sa liberté, le moyen est plus simple. Aussitôt qu'elle se réfugie en territoire civil, son maître fait dresser par le cadi un acte de mariage constatant qu'elle est sa femme ou la femme d'un de ses domestiques. Le bureau arabe la réclame à ce titre au procureur impérial qui la rend.

— Mais où trouver à en acheter ?

— Le principal marchand de nègres de l'Algérie habite K*** ; il s'appelle Vild-el-Mor.

— D'où les tire-t-il ?

— D'une grande maison du Maroc qui les tient des caravanes du sud.

— Mais qui fournit ces caravanes ?

— Ce sont des Arabes qui en font le métier. Et voici comment. Ils vont au-delà de Tombouctou, vers la Nigritie, se promener avec des chameaux couverts de provisions. A la nuit tombante, ils s'éloignent ostensiblement de leurs bêtes comme pour chercher un abri, et reviennent par l'obscurité se cacher dessous leurs montures. Les nègres, qui n'ont vu que leur départ, s'approchent pour les voler. Mais alors, les chasseurs jettent un lacet sur ce gibier, qui n'oppose aucune résistance en face du nœud coulant.

Je m'étonne que les Français veuillent donner la liberté à des êtres qui se la sont laissé prendre ainsi.

— Pourrais-tu m'en faire louer ?

— On n'en loue pas. Ceux qui les ont, les gardent. »

Ceci est pour vous montrer à quel prix est la main-d'œuvre.

LETTRE LIX

GEORGES SIMONIN A JULES ERLANGES

Mon cher ami,

J'ai été chargé, l'autre jour, d'accompagner des assassins et des voleurs indigènes envoyés par le bureau arabe au conseil de guerre de la division.

Du fond de la province où les crimes avaient eu lieu jusqu'ici, on compte cent vingt-cinq lieues, une rude étape pour les témoins qui sont tenus d'accomplir ce trajet deux fois sinon davantage.

J'ai profité de ma présence à Constantine pour me rendre un peu compte de ce qui s'y passe à ce point de vue.

La séance n'était pas ouverte. Pourtant au greffe un aga, accusé d'empoisonnement sur la personne de son cadi, disait au juge d'instruction, après avoir fait l'aveu de son crime : « Oui je l'ai tué, mais j'ai payé le prix de son sang « au chef du bureau arabe. »

En face de cette défense, le juge proposa au général de division, agissant comme procureur général et comme

Chambre des mises en accusation, de rendre une ordonnance de non-lieu.

Maintenant je vais te raconter ce que j'ai vu et entendu à l'audience. On ne communique pas les rapports aux journaux et on ne laisse prendre de note à personne dans la crainte que le compte rendu des affaires n'effraye la France et l'Algérie.

Le premier prévenu s'appelait El-habil-ould-el-ariedj. Il était accusé d'avoir volé la nuit, dans une tente. Comme il niait, le président lui dit : « Pourquoi te retracter ici, après avoir avoué ailleurs. » L'interprète traduisit ainsi sa réponse : « Par Mohamed, voilà la vérité. J'avais pour maîtresse une femme à laquelle en échange de son cœur j'avais donné un collier de clous de girofle. Dernièrement elle m'a repris son cœur et j'ai été la nuit vers sa tente pour lui reprendre mon collier. Son mari jaloux m'a reconnu et m'a dénoncé au capitaine du bureau arabe qui m'a mis en prison et m'a menacé de coups de bâton si je ne confessai pas que je fusse criminel. Comme les coups de bâton du *Chaouch* enlèvent la peau, j'ai eu peur et j'ai dit tout ce qu'il a voulu. »

D'autres indigènes passèrent sans que rien me frappa, sinon que, acquittés et condamnés, on ne relâcha pas plus les uns que les autres. Il m'a été assuré qu'après le jugement le commissaire impérial adresse sur chaque affaire un rapport au général commandant la division qui statue en définitive. Mais je n'en crois rien ; car il existe une *commission disciplinaire*, qui a pour but d'atteindre les délits et les crimes sur lesquels les Conseils de guerre en Algérie, gênés par le code, décideraient mal.

Comme je remarquais que le nombre des inculpés était extraordinaire et que celui des acquittés ne l'était guère moins, un avocat me dit que, avant 1852, les chefs de bureau arabe arrangeaient presque toutes les affaires mais qu'aujourd'hui ils s'en abstenaient, afin de prouver au Gouvernement que la justice des conseils de guerre lui est très-coûteuse et qu'il devrait les créer officiers de police judiciaire.

J'appréhendais de parcourir cent vingt-cinq lieues pour m'en retourner, à cause du manque de route et de compagnon. Chemin faisant, je rencontrai un indigène, qui, comme tous les paysans, me parla de ses intérêts. — « Capitaine, (me dit-il) c'est une iniquité. Chez nous, les juges sont à l'encan et les justiciables mettent les enchères. Jamais pauvre n'a obtenu justice devant eux.

— Vous avez l'appel devant le *midjeless*.

— De mal en pis. Car ce tribunal a calculé combien il importait aux plaideurs de le corrompre, puisqu'il rend ses arrêts en dernier ressort ; aussi faut-il, pour gagner son procès, suer l'argent dans leur prétoire, comme on sue la crasse au bain maure.

— Que ne vous plaignez-vous au bureau arabe ?

— Au premier litige que j'aurai, je ferai comme les autres « je vendrai mes droits à un Juif qui, au nom de son privilége, attraira l'affaire devant un tribunal français et gagnera ou perdra, selon qu'elle sera bonne ou mauvaise. »

Tu peux juger par cette conversation de l'ingratitude des indigènes. Mais l'administration militaire se fatigue. Ils feront tant qu'à la fin, elle les abandonnera au régime civil.

Voici une plainte déposée contre elle au parquet qui, toute mensongère qu'elle soit, te montrera la bienveillance de l'autorité et les exigences des colons.

« M. le Procureur impérial, je savais que, par suite d'un arrêté du commandant des forces de terre et de mer, le délai entre la citation et la comparution, qui n'est obligatoirement que de trois jours aux termes de l'art 51 du code de procédure, avait été porté à quatorze.

« Mes relations avec les Arabes m'avaient appris que les demandes à soumettre aux juges de paix qui, d'après la loi du 15 mai 1838, sont dispensés des préliminaires de conciliation, lorsque les parties n'habitent pas dans le même canton, désormais par un arrêté de M. de Martimprey, ne l'étaient plus.

« Il avait fait d'autres modifications au code de procédure civile : c'était le bruit public ; mais on ne croit aux choses incroyables que comme saint Thomas. J'en devais essuyer une terrible épreuve.

« M. le Procureur impérial, avant hier un jour après le commandement, et muni du titre exécutoire selon les articles 383 et 608 du code de procédure civile, j'ai voulu saisir mon débiteur Saphi de la tribu des A***.

« Mais celui-ci ne se contenta pas de s'opposer à la vente et de revendiquer tout ou partie des objets dont il se prétend propriétaire, comme c'était son droit. Un officier de bureau arabe qui se trouvait là, par hasard, me montra un arrêté du commandant des forces de terre et de mer en vertu duquel, attendu que les indigènes vivent en communauté, le cadi agissant comme notaire, devra avant tout faire entre la communauté le partage des objets in-

divis, et remettre une liste de ceux attribués au débiteur
à l'huissier qui n'en pourra saisir d'autres. Mon mandataire,
convaincu que ce partage, qui devait avoir lieu hors de la
présence du créancier, ne donnerait rien à celui que la
saisie menaçait, se retira pour ne pas ajouter à la perte de
mon capital des frais inutiles.

« J'ai l'honneur, M. le Procureur impérial, de vous dé-
noncer cet arrêté, non-seulement parce qu'il me ruine,
mais parce qu'il empêchera à l'avenir toutes les transactions
entre Européens et Arabes, c'est-à-dire le commerce de
l'Algérie. »

LETTRE LX

M. SIMONIN A M. ERLANGES

Monsieur,

J'ai beaucoup à vous remercier du petit supplément de concession que vous m'avez obtenu en territoire militaire. Permettez-moi de vous raconter ce qui m'arrive à son sujet.

Le jour que je reçus de l'administration des Domaines mon titre de propriété, ma femme en parla à sa voisine qui lui dit que ce bien lui appartenait et qui lui alla chercher aussitôt son titre de propriété. Confrontation faite, les pièces étaient identiques.

Je pensai qu'il y avait eu erreur, qu'il fallait en écrire à la préfecture. Le voisin, qui connaît à fond son Algérie, aima mieux s'en rapporter au commandant de place. J'aurais préféré le juge de paix des environs, un jeune homme nouvellement arrivé, M. ***, qui est déjà connu par son intelligence et son honnêteté. En territoire militaire, on n'a pas le choix. Nous allâmes devant le magistrat en tunique. Après qu'il nous eut entendus l'un et l'autre, il nous dit : « Messieurs, je viens d'être nommé à mon poste. En m'y rendant, j'ai passé par le chef-lieu, où j'ai visité tous les libraires, pour m'acheter un code. Aucun n'en avait. Revenez dès que j'en aurai un. » Nous apprîmes bientôt qu'il l'avait appliqué pour la première fois, en séparant des époux qui le lui demandaient d'un commun accord, sans prendre garde qu'il visait des articles, relatifs au divorce abrogés depuis cinquante ans.

Nous portâmes notre différend devant le tribunal de première instance. Le mal ne fut pas pour découvrir des avoués qui se nomment ici *défenseurs*, parce que, dit Georges, il leur est *défendu* de vendre ni d'acheter leurs charges. Ils vinrent nous dépister, car ces messieurs ont chacun un juif à leur service qui chasse les clients, comme les chiens chassent le gibier. Je choisis le seul qui n'avait fait aucune démarche, Mᵉ Choupot. C'est le plus honorable garçon et le meilleur homme d'affaire que je connaisse. Il se chargea de présenter ma cause et la plaida avec soin et dignité : deux mérites peu communs dans les barreaux de la colonie. Le substitut du Procureur impérial, M. ***, conclut en ma faveur avec une science du droit, une dialectique et surtout une perspicacité, qui tôt ou tard lui vaudront quelque place de juge d'instruction à Paris. On m'a du reste assuré que ces Messieurs du parquet étaient presque tous supérieurs à ceux de France. Il me semblerait faux de faire le même éloge des magistrats du siége. La cause vient sans doute de ce qu'ils sont amovibles. Mais je désire que vous ne me croyiez pas les yeux fermés, car j'ai perdu mon procès.

A quelques temps de là, j'en perdis un autre devant le tribunal de commerce qui se compose de négociants du pays, un pays où le gouvernement n'ose pas importer le Jury.

LETTRE LXI

PAUL D'ORLY A Mme ERLANGES

Madame,

En Algérie, nous avons nos codes, les indigènes ont le Koran, les juifs la Bible et les étrangers leurs usages ; le tout modifié par quelques milliers de lois, de décrets, d'arrêtés, d'ordonnances et de circulaires. Ce qui forme bien le recueil législatif le plus considérable et le plus embrouillé.

M. le prince de Broglie, qui a publié sur l'Algérie un livre éloquent et discret (*), dit que « la collection de ces « volumes effraie, mais la lecture en est heureusement « inutile, parce que chaque page a pris soin d'effacer et « d'annuler la précédente. » Vous reconnaîtrez là la réserve de l'opposition parlementaire.

Un sénateur aurait remarqué que « la législation algé-

(*) *Une réforme administrative en Afrique*, 1860.

« rienne avait, comme toutes les législations détaillées,
« le défaut d'être incomplète. »

Il aurait dit : « Le statut personnel de chacune des po-
« pulations étrangères et aborigènes n'est défini ni réglé
« nulle part. Là rien ne règle la naturalisation ni des
« étrangers ni des indigènes. Nous avons des juges mu-
« sulmans siégeant à côté des juges français. Nous avons
« aussi dans les conseils municipaux des indigènes et des
« étrangers à côté de nos nationaux ; mais que sont-ils ?
« Plus ou moins français, plus ou moins étrangers ? On ne
« sait.

« Quelle est la loi qui règle le sort des enfants qui
« ont atteint l'âge de la conscription.

« L'institution municipale manque encore de point de
« départ et celle du Jury n'existe pas.

« Le droit de propriété lui-même n'est pas assis de
« manière à encourager la colonisation. »

Encore a-t-il laissé de côté toutes les idées dont l'exposition publique pourrait présenter quelques inconvénients (*).

Pour excuser cette multiplicité de lois, ces lacunes et
ces modifications, que de motifs n'a-t-on pas donné !

Quand on propose de promulguer, à l'exclusion de tous
autres, nos codes en Algérie, ceux qui aiment les indigènes d'un amour égoïste invoquent les traités de 1830
par lesquels nous nous sommes engagés à respecter leurs
lois ; comme si des conventions, violées durant trente ans par

----

(*) M. Barbaroux, ancien procureur général à Alger, séance du Sé-
nat du 5 mars 1861.

une partie engageaient encore l'autre. Ils ont demandé si les peuples, qui tirent leurs lois civiles de leur code religieux, ne manquaient pas à leur foi en prenant pour juges des étrangers. L'opposition ne vient ni de la Bible ni du Koran, car les Israélites et les Arabes sont prêts à se soumettre à notre législation en haine des leurs qui sont iniques et confuses.

Les politiques de café ont soutenu que les émigrants français ou étrangers, étant pour la plupart des mauvais sujets, ne pourraient se plier à une législation aussi sévère; c'est pourquoi ils ont fait supprimer le jury. Ils ont allégué les besoins du commerce pour permettre l'usure, et la crainte du socialisme pour leur refuser d'élire leurs conseillers municipaux, leurs conseillers généraux et pour leur retirer la représentation nationale.

Enfin, par je ne sais quelle cause, les deux partis se sont entendus pour dire : « dans un pays qui se forme ou « se réforme, on ne peut appliquer une législation formée. « Il faut modifier celle de la métropole pour la mettre « à la portée des colons et celle des indigènes pour la « perfectionner. Lorsque les émigrants seront aptes à re- « cevoir dans toute son application la première, la se- « conde aura eu le temps de lui ressembler, si bien qu'il « n'y en aura qu'une seule en Algérie, la Française. » En vérité, c'est nier l'histoire. Est-ce que les lois ne sont pas faites pour transformer les peuples et les civiliser, et n'y a-t-il pas un législateur à l'origine de tous ?

Les annales du monde nous parlent d'une foule d'esclaves, obligés de fuir la mort dans leur patrie d'adoption, épars dans un désert immense, ignorants et impies. Un homme paraît, leur donne une législation uniforme, leur impose des cérémonies méticuleuses et leur laisse un livre auquel ils obéissent encore. Un peuple indestructible en naquit, en sorte qu'à cette heure, après une dispersion épouvantable, on retrouve encore les Juifs intelligents, nationaux et religieux.

Dans la crainte que vous ne m'alléguiez ici une grâce d'en haut, je vais prendre un exemple plus humain. Les hordes nomades qui vivaient entre la Perse et l'Arabie, alternativement pasteurs et guerriers, débauchés, idolâtres, sans chef, sans lien politique ni religieux, paraissaient peu propres à devenir un tout homogène. Mohamed, en face d'un tel désordre, songea du même coup à créer une société et à l'organiser. Aussi, avait-il à établir tout ensemble un dogme et une législation; mais, comme chez les peuples jeunes la religion a une puissance énorme, il voulut d'abord se faire des sectateurs pour avoir des sujets. Il annonça qu'il n'y avait qu'un seul Dieu, qui lui avait ordonné de soumettre le monde à des lois immuables. Puis il promulgua le Koran, livre incréé qui réglait de toute éternité et pour jamais les cérémonies du culte, les prescriptions civiles, les droits politiques, les instructions criminelles, les recettes de médecine et les conseils de morale, et qui contenait une horreur profonde pour tous ceux qui n'embrassaient pas cette croyance. Les esprits ainsi préparés, il leur prêcha la guerre sainte et leur donna un drapeau. Ce fut un grand peuple qui au bout de douze cents années couvre la majeure partie de notre continent.

Après avoir ainsi refuté les objections des stationnaires, donné ces exemples de réformes opérées par la législation et observé que les nations aiment à prendre leurs lois des étrangers, comme ont fait les Grecs et les Romains, nos maîtres, je me demande pourquoi le gouvernement ne promulgue pas nos codes en Algérie. Qu'importe que les peuples qui s'y trouvent soient vieux ou jeunes, abrutis ou corrompus, musulmans ou juifs, catholiques ou protestants, républicains ou autres. C'est une insulte à la France, quand la loi théocratique de Moïse et la loi despotique de Mohamed ont tant fait, de croire que la loi égalitaire de Napoléon ne puisse opérer davantage pour la civilisation.

LETTRE LXII

M. SIMONIN A M. ERLANGES

Monsieur,

Je revenais hier avec ma charrette chargée de fourrages. Il fallait galoper. Si nous avions été au pas, nous
étions perdus ; tant les routes sont mauvaises, sauf aux
abords des grandes villes. Il semble que les Ponts-et-
Chaussées aient peur des autorités qui les habitent.

Dans la campagne, où le roulage est actif, elles sont
souvent détruites, soit parce que l'empierrement est insuf-
fisant à cause de la cherté des matériaux, soit parceque
les travaux de désensablement sont trop longs. Celle de
Tlemcen à Oran n'est que tracée à travers champs parmi
les pierres et les palmiers-nains. Aussi les transports coû-
tent-ils très-cher en Algérie.

L'autre jour, en plein mai, la diligence a mis, de Philippeville à Constantine, vingt-trois heures pour faire
vingt et une lieues. Voilà ce qui se passe l'été. Jugez de

l'hiver. Il y a des exemples nombreux de voitures embourbées trois mois dans les chemins. Il ne faut parler ni des retards ni des accidents.

Telles sont les grandes routes en territoire civil. En territoire indigène, je vais vous dire comment on les fait, vous imaginerez comment elles sont.

Un ingénieur militaire en commence une sous le feu de l'ennemi ; la guerre achevée, il est envoyé ailleurs. Un autre lui succède qui la trace sur d'autres errements et s'en va à son tour sans la finir. On en cite qui ont été mises en train dix fois et qui ne seront jamais bonnes.

Certes, ce serait sans inconvénient si le territoire militaire n'était habité que par des Arabes qui ne tiennent pas aux voies carrossables, puisqu'ils n'ont pas de voitures. Cependant si l'État veut leur en inspirer le goût, il devrait leur donner la possibilité de s'en servir.

L'administration envoye des bulletins de prestations à tout le monde. Quelques-uns payent, la plupart ne payent pas. Mais il n'y a jamais de prestation en nature. D'où j'imagine qu'il n'existe pas de chemins vicinaux.

N'allez par croire, d'après mes plaintes, que les Ponts-et-Chaussées soient inutiles. Mon fils dit qu'ils font beaucoup de procès-verbaux, s'ils font peu de routes.

Les quelques grandes lignes viables vont de l'intérieur à la mer où le port est souvent mauvais. Les villes manquent de lien entre elles.

La prospérité du pays y est pourtant attachée. Des touristes ont vu des contrées, belles, riches, bien peuplées avec des maisons finies et des champs en culture. Elles sont désertes. C'est qu'il a fallu échanger des produits contre des vivres à la ville qui était à quinze ou vingt kilomètres par des tracés de routes.

Vous comprenez aisément pourquoi nous désirons tant les chemins de fer. Je crains que les grands frais, sur lesquels on les entreprend, ne les retardent beaucoup. Nous en avons tant besoin ! C'est la régularité et la certitude des communications ; c'est une économie de temps et d'argent, le développement du commerce, le rapprochement entre la production et la consommation, et la fusion des races. Les chemins de fer résoudront le problème de l'Algérie. Ils amèneront, pour faire leurs travaux, des bras qui resteront et, pour les payer, des capitaux qui ne s'en iront plus. A la vue de ces machines, de ces exploitations, de ces matériels, de ces locomotives, de ces wagons, de ces garanties, les Arabes déterreront leur argent pour transporter leurs produits, pour voyager, pour prendre des actions. Grâce enfin aux chemins de fer, l'autorité n'agira plus jamais arbitrairement.

Il paraît que les militaires n'ont pas illuminé en apprenant que la Chambre avait voté les chemins de fer d'Algérie. Le gouvernement n'a pas de bonheur ; c'est la deuxième fois qu'il leur déplaît. Ils avaient également mal accueilli le télégraphe électrique, qui ne laisse rien de caché. Je me l'explique mal. Pourvu qu'ils ne les empêchent pas.

LETTRE LXIII

GEORGES SIMONIN A JULES ERLANGES

Mon cher ami,

Nous sommes en pleines fêtes religieuses depuis quatre jours.

Du moment que l'œil peut distinguer un fil blanc d'un fil noir, jusqu'au coucher du soleil, qui était annoncé par un coup de canon, tous les jours, les Musulmans jeûnaient, depuis six semaines, de la façon la plus sévère. Les dévôts poussent l'abstinence jusqu'à ne pas avaler leur salive, et à ne pas parler afin d'absorber le moins d'air possible. Il est certain que la nuit, ils prenaient des compensations effrayantes. Hier soir à six heures un quart, ce carême a fini.

Dès ce matin j'ai entendu battre le tambour, taper des castagnettes en fer, résonner des coups de fusil et crier à tous les coins du ciel, par le muezzin, du haut du minaret :

« Haia ala el celah
Haia ala el falah
La ella ela allah.

Mahomed r'çoull alla
Alla oua el akebar,
Alla oua el akebar. »

C'était de quoi devenir sourd. Dehors les rues et les campagnes étaient remplies d'Arabes caracolant sur leurs chevaux, de femmes poussant des cris aigus sous leurs longs voiles, et d'une nuée de petits garçons et de petites filles en costumes barriolés, qui gambadaient et hurlaient dans les tous les tons les plus discordants.

Je suivis cette bande qui s'arrêta auprès d'une fontaine, se mouilla les bras, les pieds, les mains et la figure avec cérémonie. (Mohamed, qui a ordonné à ses disciples de se laver souvent, aurait bien dû leur recommander de s'essuyer quelquefois.) Enfin ils retirèrent leurs chaussures, avant de pénétrer dans la mosquée. Quelques-uns se rendirent sous un petit dôme situé à l'est; les autres se placèrent successivement en lignes parallèles, accroupis sur leurs talons.

Après plusieurs chants monotones, après maints baisements de terre, répétés avec scrupule par chacun des fidèles, celui qui paraissait être le chef de la prière monta à l'aidede cinq ou six degrés fort roides à une tribune peinte en rouge, expliqua un point de droit musulman, prêcha contre les chrétiens et descendit. Ensuite quelques croyants privilégiés vinrent se ranger sur une seule ligne, en face de l'orient, et prononcèrent force oraisons, accompagnées de mouvements de bras qu'ils élevaient et abaissaient alternativement, se prosternant, se relevant et se prosternant encore. Après quoi, la foule s'écoula pour recommencer son train.

A ma sortie, je remarquai que toutes les maisons des

Israélites étaient ornées dans la cour ou sur la terrasse de tonnelles en roseaux. C'était la « fête des pavillons » instituée en souvenir du nuage que Dieu donna à son peuple pour le garantir de la chaleur du jour et de la fraîcheur de la nuit. Pendant une semaine les Juifs se font un culte d'y manger, les dévôts poussent jusqu'à y dormir. J'ai demandé à visiter une synagogue. Chaque propriétaire en a une pour exploiter les cérémonies et faire déclarer, en cas de besoin, immeubles par destination les objets qui s'y trouvent.

Il était midi. Toutes les cloches carillonnaient. Les murs de la ville étaient couverts de draps et les rues jonchées de fleurs. Il déboucha un piquet de lanciers, musique en tête ; survint des soldats en tenue, des jeunes filles en blanc, des jeunes gens avec des cierges, des choristes chantant, un homme succombant sous une croix, une femme nu-pieds, les cheveux épars, les yeux en pleurs, des prêtres psalmodiant en faux-bourdon : le grand vicaire fermait la marche, le saint-sacrement à la main, sous un dais. Quand il fut arrivé au plus beau reposoir, qui était composé d'armes de toutes sortes, il s'arrêta pour bénir, au bruit du canon, les autorités et l'aristocratie de la ville qui s'y étaient rendus. Ensuite la procession repartit. Elle dure encore.

Les protestants avaient peut-être aussi leur cérémonie religieuse, du moins ils ne la célébraient pas à l'extérieur, par respect pour la liberté de conscience et dans l'appréhension de se crotter ; car il avait plu toute la sainte journée.

LETTRE LXIV

M. SIMONIN A M. ERLANGES

Monsieur,

A mon arrivée en Algérie, il m'a été bien agréable de voir des Églises presque partout ; car là où l'homme retrouve son Dieu, il retrouve le meilleur de son pays.

J'ai remarqué avec peine que le clergé n'avait guère de tenue : il porte la barbe, fume la pipe et le reste. On dit que la faute en est au climat. Mon fils même, qui a parcouru les trois provinces, prétend que les mœurs des prêtres algériens s'élèvent ou s'abaissent selon la température : dans l'ouest elles sont mauvaises, au centre médiocres et à l'est presque bonnes.

Le principal reproche fait à ces messieurs est de ne pas accompagner les morts jusqu'au cimetière et d'avoir un tarif très-élevé. Un enterrement coûte depuis 1, jusqu'à 1246 francs. Ils allèguent le peu de casuel, dû au peu de population. Le cas avait été prévu puisqu'il sont plus rétribués par l'État que ceux de France.

A côté du clergé, il existe un grand nombre d'ordres religieux, qui auraient pu faire beaucoup pour la culture des terres et l'éducation des orphelins. Le gouvernement a accordé à une communauté des bâtiments immenses en bon état et une pépinière en pleine production ; le département y a joint des allocations annuelles, en argent pour y garder et nourrir les enfants pauvres, instruire les petits et enseigner un métier aux grands. Les Frères les laissent s'évader, sans prévenir ni leurs parents, ni l'autorité, leur donnent de mauvais pain par économie, n'apprennent à lire ni à écrire aux petits, faute souvent de le savoir eux-mêmes, et fatiguent les grands dans les plus rudes travaux, frappant les uns, enchaînant les autres, donnant à tous l'exemple de la paresse et du désordre.

Un seul homme est capable de réformer ces établissements, celui qui en est l'inspecteur, l'ancien directeur du pénitencier d'Oswald, **M. Guimas.**

Je ne vous parlerai même pas des autres orphelinats. Quant à celui qui est dirigé pas des pasteurs protestants, il a mieux réussi. Je suppose que cette prospérité tient à la présence de leurs femmes. On regrette qu'en récompense du service qu'ils rendent ici, l'État n'envoie pas assez de desservants pour suffire aux fidèles réformés. Il n'y en a que trois dans toute la province.

P. S. J'apprends, sur l'heure, une fâcheuse nouvelle. A Ben-Aknoun, les Jésuites avaient autrefois ouvert un café indigène où, tout en débitant leur marchandise aux Arabes, ils leur débitaient aussi les commandements de Dieu. L'évêque d'Alger, jaloux de leurs succès, a interdit cette boutique de religion. Le bruit court qu'il veut fonder entre Bone et Bougie une maison centrale de Frères prêcheurs pour évangéliser les Kabyles. Chacun ici, qui approuvait l'habileté des Jésuites, craint que les convertisseurs ne préparent de nouveaux massacres de Syrie.

LETTRE LXV

PAUL D'ORLY A Mme ERLANGES

Madame,

Quand nous sommes allés en Algérie pour la conquérir, les ignorants se sont écriés : « C'est une victoire impossible, jamais des musulmans ne se soumettront à des chrétiens! » Cependant, à cette heure ils sont résignés. « *C'était écrit!* » Le fatalisme éteint même le fanatisme.

Les journalistes ont ajouté : « Chez les Arabes, le chef de l'État est en même temps le chef de la religion. Il est à craindre que la situation, où se trouve la France de n'exercer sur eux que le pouvoir politique, ne soit exploitée par le Muley du Maroc, le sultan de Constantinople ou les marabouts indigènes : » mais les Arabes détestent l'un comme Turc, l'autre comme tyran. Quant aux autres, ils ne sont plus à redouter ; si l'on se rappelle comme Abd-el-Kader fut abandonné malgré ses qualités de Khouan, de marabout, de chérif et d'émir. Les soixante-douze schismes qui divisent les croyants ont affaibli la foi mahométane. L'esprit religieux est devenu trop indifférent pour réveiller un esprit national.

Les politiques dirent : « L'islamisme est né sous un ciel sans nuage, sur un sol fertile, au milieu des déserts. Chez ses sectateurs, l'existence est au prix d'habitudes nomades, la vie de famille remplace la vie sociale, la haine du despotisme éloigne des villes, la chaleur du climat rend la polygamie indispensable ; c'est-à-dire, point de mœurs, point d'agriculture, point de commerce, point d'industrie, point de civilisation. » Malgré ces observations, l'Arabe, dès qu'il est propriétaire, s'attache au sol, laboure, vend, fabrique, et, dès qu'il peut avoir plus de domestiques, a moins de femmes.

Avant notre arrivée, comme en Orient et à Rome encore aujourd'hui, le gouvernement assignait aux Juifs un quartier dans chaque ville, fermé la nuit et les jours de fêtes. Il leur était défendu d'avoir des synagogues, de passer sans se déchausser devant une mosquée, de monter à cheval, d'avoir des armes sur eux, de porter d'autres vêtements que des noirs, et de prendre la droite d'un musulman. Nous leur avons donné la liberté religieuse et les avons retirés de cet esclavage, au point de les admettre à toutes les places. Les indigènes ne nous pardonnent pas cette réhabilitation et nous disent : « Les Juifs ont voulu crucifier Jésus-Christ, mais ils y ont échoué ; cependant nous les méprisons. Vous autres chrétiens, vous adorez ce prophète comme Dieu, et vous croyez que les Juifs l'ont mis à mort ; pourquoi donc les honorez-vous autant ? » La France espère que l'usage de la liberté les corrigera des habitudes de l'oppression et que la reconnaissance les aidera à mériter ce que nous avons fait pour eux. Ils commencent à revêtir notre costume, ils vont peut-être cesser de tout vendre et de tout acheter.

Il faisait beau entendre les cris que les dévots ont poussés, lorsque nous avons appelé des pasteurs protestants. « La France, comme fille ainée de l'Eglise commettait une impiété, comme puissance politique suivait un système dangereux, » disaient-ils. Le reproche d'impiété me semble mal fondé, si le premier commandement de l'Evangile est de s'aimer les uns les autres. Pour la question politique, l'erreur est évidente : l'introduction du protestantisme n'a pu nuire à la France, puisque les Arabes, qui ne savent pas estimer un sacrifice dont il ne résulte aucun bien, préfèrent à nos prêtres les pasteurs, parce qu'ils sont mariés.

Voulez-vous me permettre d'aller plus loin ? On connaît les succès coloniaux de l'Angleterre, de la Hollande et de l'Allemagne, aussi bien que les échecs dans le même genre des Français et des Espagnols. J'ose en attribuer la cause à la différence de culte, quoique ce soit mettre socialement le catholicisme au-dessous du protestantisme, comme plus humain, plus tolérant et se faisant mieux tout à tous. Les faits historiques, quand ils ne prouveraient pas rigoureusement ma conclusion, suffiraient pour donner droit de cité en Algérie aux réformés.

En face de cette tolérance, le clergé catholique s'est ému, il a déclaré qu'il ne lui suffirait pas d'être plus payé qu'en France et d'être en proportion plus nombreux. Il a dit que les Arabes aimaient mieux des gens d'une religion différente de la leur que des gens sans religion et que c'était seulement du jour où ils nous avaient vu des églises qu'ils avaient compris que nous étions un peuple. C'est pourquoi le gouvernement a donné au culte catholique la plus belle maison mauresque pour la transformer en palais épiscopal et des mosquées pour en faire des églises, la musique des régiments pour orner les processions, et des soldats pour dresser les reposoirs.

Les Arabes ont été plus étonnés qu'édifiés de ces splendeurs, et ils ont remarqué qu'il n'y avait à ses cérémonies que les femmes et les enfants, contrairement à ce qui a lieu dans les leurs.

Cependant, à cette heure, il est donné au monde de contempler, dans un territoire appartenant à la France, un spectacle inconnu au reste du globe : le rêve du dix-huitième siècle réalisé. Les descendants de ceux qui ont inventé l'inquisition, et les descendants de ceux qui ont brûlé Servet, et de ceux qui ont crucifié Jésus-Christ, et de ceux qui ont failli convertir l'ancien continent, un cimeterre à la main, vivant côte à côte en frères et priant, chacun à sa façon, Dieu qui les entend aussi bien les uns que les autres.

Je ne crois pas blesser vos convictions de vous parler ainsi; car vous avez applaudi à l'admission de M. Rothschild au parlement d'Angleterre et vous applaudissez par avance à la réception à l'Académie française du P. Lacordaire par M. Guizot.

LETTRE LXVI

Mme ERLANGES A PAUL D'ORLY

Cher monsieur et ami,

Il y a longtemps que vous n'avez reçu un mot de moi.

Vous croyez peut-être que je suis mécontente de vous ;
loin de là. Je trouve au contraire que vous avez réalisé
des progrès sur vous-même et je suis bien aise de vous en
féliciter, afin que vous y persévériez.

Ce n'est pas non plus de paresse ni d'oubli qu'il vous
siérait de m'accuser. Je réponds, poste pour poste, à
chacun de vos courriers, mais comme je ne suis jamais
satisfaite de mes griffonnages, je les déchire aussitôt, sans
vous les envoyer.

Il faut absolument que je vous écrive aujourd'hui. Votre
dernière lettre m'a causé une véritable peine.

Vous n'avez foi à rien, ni à Dieu ni à Diable, et c'est à
peine si vous croyez à l'immortalité de l'âme.

Vous n'avez donc pas goûté ces moments où l'affection
nous jette hors de nous-mêmes, en nous donnant un bon-

heur si complet que, convaincus de l'insuffisance de cette vie pour en jouir entièrement, nous acquierrons, à force de le désirer, la certitude qu'il ne peut pas manquer d'en exister une autre sans fin ? C'est que vous n'avez jamais aimé.

Dès lors, la faute en est au Ciel ; et vous êtes plus à plaindre qu'à blâmer.

Mais c'est moins votre incrédulité que votre impiété que je déplore.

Vous me faites peur, cher Monsieur et ami, quand je vous vois, la tête fière, soulever les problèmes les plus graves et trancher les questions les plus sérieuses. Prenez garde :

« Dieu ne s'abaisse pas vers des âmes si hautes (*.) »

J'espère pourtant que vous ne mourrez pas dans l'impénitence et que, comme la foi veut passer par le cœur avant d'entrer dans l'esprit, vous la désirerez afin de l'obtenir. C'est un si grand bien que de croire, et vous devez tant souffrir, vous qui ne croyez pas.

Nous reparlerons de cela. Mais, je vous en conjure pensez-y.

(*) *Imitation de Jésus-Christ*, traduite par Corneille.

LETTRE LXVII

M. SIMONIN A M. ERLANGES

Hélas! Monsieur, je n'avais que trop pressenti, le jour où j'ai obtenu ma concession le malheur qui me frappe.

Je suis ruiné.

Et la faute n'en est pas à moi. Souvent un colon, dès qu'il a pour 15 francs de récolte à vendre, part pour la ville, le soir de chez lui avec sa voiture, s'attarde en route et arrive à l'issue du marché ; force lui est d'attendre le lendemain. D'ici là, il faut vivre. Le gain paye l'aubergiste. Et il s'en retourne sans récolte ni argent.

Un autre ne travaille pas pour faire croire à d'anciennes habitudes de luxe.

Le climat rend celui-ci buveur.

Cent autres veulent s'enrichir avant de se nourrir; ils négligent le blé pour le coton.

Le reste attend que l'administration les aide en tout.

Beaucoup d'émigrants sont ruinés par leur fait. Je l'ai

été pour avoir attendu une concession seize mois, pendant lesquels j'ai mangé mes petites avances.

Toutefois je n'ai pas rempli les conditions imposées par l'État qui ne m'a pas exproprié, les sachant impossibles.

J'ai cherché à m'en débarrasser. Un voisin m'a offert un âne en échange de ma maison et de mon terrain. Amère dérision.

Six mois se sont encore passés. Alors l'autorité, désespérant de me voir planter ou bâtir, m'a repris ma concession, après m'avoir donné 300 francs pour m'indemniser des dépenses que j'y ai faites.

Dès demain, je vais aller offrir mes bras chez un fermier des environs, mais c'est ma pauvre femme que je vous recommande. J'espère que vous ferez quelque chose pour elle. Vous ne sauriez obliger une personne plus malheureuse et plus reconnaissante.

LETTRE LXVIII

M. ERLANGES A M. SIMONIN

Cher Monsieur,

Je vous remercie de m'avoir annoncé franchement le coup qui vous atteint. C'est une preuve de confiance qui m'a touché. Je vous avais du reste montré assez d'intérêt pour ne pas avoir à craindre un autre procédé e votre part. Il faut toutefois que vous n'ignoriez pas qu'il m'a un peu consolé de votre malheur, en me mettant à même d'y porter remède de suite.

Cette triste nouvelle m'a frappé pour ainsi dire personnellement, et j'en fais mon affaire.

Certes, votre résolution de louer vos bras est d'un bon cœur, mais je ne veux pas que vous preniez un parti aussi extrême. Tout n'est pas perdu. Achetez-moi, jusqu'à concurrence de 30,000 fr., une maison et un terrain qui vous conviennent. Vous m'en payerez le louage quand vous pourrez.

J'espère que vous ne me ferez pas l'injure de me refuser. Ce serait m'empêcher de réparer une faute qui deviendrait un remords, puisque ce sont mes conseils qui vous ont amené où vous en êtes.

Allons, du courage. Je vous serre la main.

LETTRE LXIX

GEORGES SIMONIN A JULES ERLANGES

Mon cher ami,

« Ça, dis-je au vieux *taleb*, qu'est-ce que tous ces jalons ?

— Ils servent à la reconnaissance de la propriété arabe.

— Je croyais que chez vous, comme chez tous les peuples primitifs, la terre était à Dieu et à ses représentants; la Bible et le Coran le disent.

— C'est une vérité dogmatique plutôt qu'une règle de droit. En effet, dans l'origine le chef de l'État avait tout, mais il fit des dons aux communautés religieuses qui l'avaient nommé, aux tribus qui le servaient, puis à celles qui cultivaient ses champs, enfin à quelques particuliers.

— Je comprends, l'administration des Domaines dresse le cadastre pour rendre à chacun ce qui lui appartient.

— Oh ! tout appartient aux Français par droit de conquête. En 1830, vous ne vous êtes engagés à rien vis-à-vis de la propriété rurale ; et depuis vingt-cinq ans, nous nous sommes tenus en révolte contre vous ; les Turcs nous auraient tout confisqué.

—Le gouvernement ne pouvait en agir ainsi. Il y allait de sa dignité et peut-être de son intérêt. Car en vous expulsant du territoire, il vous aurait révoltés.

— Vous ne pouviez faire pis que de nous cantonner.

— Que veux-tu dire ?

—Tu sais que l'Arabe est nomade, campant l'été dans les plaines, l'hiver dans les montagnes, vivant sur des communaux ; chaque année, le terrain de la saison est partagé entre les membres de la tribu par les chefs qui gardent les bonnes parties et distribuent les mauvaises, font cultiver les deux par leurs administrés et prennent la meilleure récolte. Si bien qu'ici il n'y a de riches que les chefs ou les anciens chefs. Tels nous a trouvés la France.

—Toutes les populations semi-civilisées font de même; changeant de place dès que le sol est épuisé, mais, à mesure qu'elles savent cultiver, elles deviennent sédentaires.

—Eh bien ! ton gouvernement veut nous rendre sédentaires avant de nous avoir appris la culture.

— Les bureaux arabes vous ont du moins enseigné à bâtir pour mettre à l'abri vos immenses troupeaux.

— Ils ont forcé tous les grands chefs, sous peine d'amende, à construire quelques bâtiments de 600 fr. qu'ils leur ont fait payer 2,000. Mais ce sont des maisons de luxe ou d'habitation et non des étables. Ils nous ont obligés de résider autour. Si cet hiver nous avions pu émigrer, les pluies ne nous auraient pas tué cinquante mille moutons. Voilà l'effet du cantonnement.

— Je croyais que l'administration indigène avait le plus grand souci de vos intérêts.

— Elle a interdit aux communautés d'aliéner à des tiers aucun droit sur leurs biens.

— C'est créer des mains mortes, un des fléaux de l'agriculture. Du moins vous a-t-elle retiré vos chefs.

— Non.

— Alors plus resserrés, vous deviendrez plus malheureux.

— Aussi en haine de ces chefs, en haine du communisme, des corvées et du servage nés de la constitution de la tribu, nous offrons nos bras aux émigrants. Nous sommes sûrs de garder ce que nous gagnons, tandis que nous ne récolterions pas ce que nous aurions semé.

— Alors le cantonnement ne porte que sur le territoire et non sur les membres de la tribu.

— Pardon. Les bureaux arabes, peut-être par affection pour les chefs, ou dans la crainte que nous ne nous corrompions au contact des Européens, ou pour conserver un territoire militaire, ont obtenu le décret du 9 août 1854, qui nous défend de le quitter, sinon après avoir payé nos impôts et nos amendes. Et un aga peut toujours en prononcer contre nous, ne fut-ce que pour le fait de s'en aller.

— Pourquoi le Domaine ne vous donne-t-il pas des titres de propriété privée, puisqu'il a beaucoup de terres?

— il en a distribué avec parcimonie.

— Les résultats ont-ils été mauvais ?

— Au contraire.

— Peut-être n'y tenez-vous pas ?

— Si bien, puisque malgré les déboires que nous en

éprouvons souvent, nous nous faisons métayers des Français. L'Arabe aime infiniment la propriété individuelle qui
met à l'abri des distributions injustes, garantit la moisson
au laboureur et assure le pain au rentier.

— Quel motif empêche de vous en donner ?

— Les bureaux arabes disent que nous sommes paresseux et avares, et que nous vendrions chacun notre part
aux Européens qui viendraient se mêler avec nous.

— Tant mieux. Ce serait un excellent moyen de désa-
gréger la tribu et de vous apprendre nos industries et nos
cultures.

— Enfin, voilà leur dernière raison. Les Juifs, préten-
dent-ils, grâce aux hypothèques qu'ils ont sur nos biens,
et les grands chefs, grâce à leurs richesses, se rendraient
possesseurs de presque tout le territoire arabe ; si l'administration nous attribuait des titres de propriétés privées
aujourd'hui, demain nous serions ruinés.

— Cet argument ne mérite aucune considération.
Si les Juifs devenaient vos acquéreurs, n'est-ce pas la
loi du monde ? ils seraient récompensés d'avoir compris
avant vous l'importance de l'argent, le premier et peut-
être le plus sûr moyen de civilisation.

Quant aux grands chefs, il vaut mieux que la terre leur
appartienne, que de rester dans l'indivision. Entre deux
maux, il importe de choisir le moindre. Plutôt le despotisme, que le communisme : c'est le dernier cri de tous
les peuples fatigués.

— Oui, Sidi. Fais-nous avoir des titres de propriété
privée. »

Cette conversation n'a rien de supposé. L'autre jour,

j'avais emmené avec moi un avocat de mes amis. Pendant que je dressais la statistique de la récolte, il l'a tenue avec un vieux *taleb*. De retour à la ville, il l'a écrite aussitôt et voulait l'envoyer aux journaux de France, comme si l'Algérie les regardait. Je lui ai dit que je m'en chargeais. Déchire-la dès que tu l'auras lue. Elle ne contient que des sottises.

LETTRE LXX

M. SIMONIN A M. ERLANGES

Monsieur,

Ma femme et moi nous vous sommes bien reconnaissant de votre offre. La seule manière dont je puisse vous le prouver est de vous transcrire une des *Mille et une nuits algériennes* que mon fils s'amuse à composer. Ce sera en même temps notre réponse.

Il y avait une fois, au ministère de l'Algérie et des Colonies, un vieil employé qui venait du ministère de la Guerre, d'où il était passé, avec les cartons, comme faisant partie du mobilier. C'était un curieux compagnon qui avait lu tout ce qui s'était publié sur l'Algérie d'officiel, semi-officiel, artificiel et confidentiel. Son ambition était de s'y retirer et de s'y enrichir n'importe à quoi faire, excepté l'usure, vu la concurrence.

Par toutes ces considérations, il se croyait le seul homme au monde qui s'occupât sérieusement de l'Algérie et qui en désirât la colonisation ; ce qui n'est pas vrai.

Le jour où ses trente ans de services furent comptés, voilà mon homme embarqué à Marseille. Il se disait en pleine mer : « l'Etat de la propriété indique la richesse d'un pays. Or, elle est mieux assise en Algérie qu'en France; M. Cohen (*) le dit, et le rapport de M. Frémy au Crédit foncier le prouve de reste, si je l'ai bien compris... Donc. »

Sa phrase n'était pas achevée que l'excellent paquebot des Messageries impériales le mettait à terre, l'esprit plein de ses lectures.

Le sirocco soufflait avec violence, et l'on embarquait à destination de France du blé pour le faire moudre. Comme chacun voit avec ses yeux, et que les siens étaient ceux d'un spéculateur, l'idée de construire un moulin à vent lui vint aussitôt. Lorsque l'emplacement fut découvert sur une hauteur, près d'un chemin, il demanda où il trouverait le bois de construction. On lui répondit qu'il n'aurait qu'à le faire venir de Norvége ou de Suède, parce que toutes les forêts appartenaient à l'Etat.

Cette nouvelle le frappa. Il s'étonna un peu que ce détail lui eut échappé. J'aurais été surpris qu'il en fut autrement : son ignorance venait de la façon de lire sans comprendre fort usitée dans les ministères anciennement.

C'est aussi pourquoi, son premier projet devenu en pratique impossible, un second ne lui coûta pas plus à concevoir qu'à essayer. Il s'agissait d'acheter un moulin hydraulique. Rien ne semblait plus simple. Il y avait une usine à vendre aux environs. Le marché fut bientôt conclu. Une

(*) *Annales de la colonisation algérienne*, dirigées par l'infatigable M. H. Peut.

fois l'acte dressé, il refusa de le signer et protesta au nom du droit français et du droit musulman, lorsqu'il vit dans une des clauses que le Domaine se réservait la propriété de toutes les sources et rivières. Qu'est-ce qu'un moulin auquel on pouvait à chaque instant reprendre l'eau qui lui était indispensable.

En présence de ce droit, mieux valait renoncer à cette industrie, quoiqu'il en coûtât à l'amour-propre de l'employé, qui n'avait pas prévu le danger de ce monopole.

« Bast ! dit-il, faute d'être député, on est sénateur ; je ne puis pas être meunier, je serai colon. » Tout en devisant, il arriva dans une vallée humide, verdoyante et boisée. Aucune position n'était meilleure pour ses projets d'agriculture. Le blé devait y venir à souhait. Les oliviers réussiraient très-bien et les paturages y seraient fort gras. C'était la Limagne embellie. Il désira en acheter quelques hectares. L'agent des domaines lui dit « que l'État n'en vendait pas encore, attendant que la vérification des titres de propriété fut finie ; elle ne pouvait tarder, ayant été commencée en 1846. » L'employé qui n'était pas curieux, ne demanda point où l'on en était. Il se contenta de penser que l'administration n'agissait avec cette lenteur que pour éviter les procès. On n'est pas plus judicieux : elle en a un par semaine.

D'autres se fussent révoltés en présence de ces difficultés. Mais un moyen lui restait encore qui lui permettait d'aider à la colonisation de l'Algérie.

C'était de se faire marchand. Il se rendit à la ville voisine, chef-lieu d'une sous-préfecture et d'une subdivision, possédant une population de dix-huit mille âmes et deux marchés, l'un indigène, l'autre européen, des mieux achalandés du département. Quelques maisons avaient attiré son attention et lui convenaient à peu près également. Le prix devait le fixer. Il voulut faire des propositions pour l'une d'elles. Le premier venu lui déclara qu'il pouvait les acheter, puisqu'elles avaient déjà été vendues, mais que ce serait à ses risques, car elles étaient encore sous le sequestre.

C'en était trop. Le découragement s'empara de l'employé, qui se décida à retourner en France, honteux et confus. On le voyait errer lamentablement autour du bureau des messageries impériales, pour retenir sa place. Tout à coup l'espoir lui revint. Ses yeux s'étaient dilatés de joie en apercevant sur les murs une affiche qui annonçait la vente sur expropriation des biens d'un Arabe.. « Enfin, dit-il, je suis sûr de devenir propriétaire, puisque voici un vendeur forcé. »

Il acheta à l'audience des criées et paya comptant deux lots de terre. Le jour même rien n'eut pu l'empêcher de les aller voir. Les beaux champs que c'étaient, couverts de blés blonds comme de l'or ! Dans le premier il y avait un Arabe, dans le second un israélite, tous deux moissonnant sans souci. Un nouveau propriétaire n'est pas endurant. Il les aborda le bâton à la main et leur montra avec fureur le jugement, en vertu duquel il était devenu adjudicataire. Les autres, en échange, lui opposèrent un contrat de vente antérieur fait à leur profit par l'Arabe exproprié. — « Votre titre, dit-il, n'est pas opposable aux tiers, puisque vous n'avez pas rempli les formalités de purge. » — « Nous en sommes exempts, » répondirent-ils;

Et ces paysans, ignorants sur tout ce qui ne concerne pas leurs intérêts, le renvoyèrent à l'article 10 d'un arrêté du 28 mai 1832. C'était perdre à la fois ses illusions, sa terre et son argent. Il résolut, pour en obtenir quelques bribes, d'intenter un procès, qui est encore en litige.

Sur ces entrefaites, je le rencontrai. Il me conta ses malheurs. Au lieu d'essuyer ses larmes, je le menai au tribunal où devait se plaider une question de « propriété », capable de le consoler. Elle ne tarda pas à venir.

L'avocat du demandeur s'avança à la barre, et s'exprima à-peu-près en ces termes : « Messieurs les Juges, Ben*** a souscrit à mon client Jacoub** un billet de 500 fr. L'échéance venue, il n'a pas été soldé. On a fait saisir une des propriétés du débiteur. Je viens vous demander d'en autoriser la vente pour nous payer, mon client et moi. »

L'adversaire a répondu : « Messieurs les Juges, vous savez que l'Algérie est partagée en deux espèces de territoire, le civil et le militaire, habité l'un par les Français, l'autre par les Arabes. Des préfets administrent le premier ; le second est sous l'autorité des généraux.

« Chaque division a des lois spéciales basées sur des besoins différents. Pour de hautes considérations, jamais il n'a cessé d'en être ainsi, ou plutôt (je me trompe), il y a eu modification une fois ; mais ce n'a servi qu'à montrer la nécessité politique de cette organisation.

« Le code actuel de la propriété en Algérie est la loi du 16 juin 1851. Son article 14, le plus important, est ainsi conçu : « Chacun a le droit de jouir et de disposer de sa propriété de la manière la plus absolue, en se conformant à la loi. — Néanmoins, aucun droit de propriété ou de jouissance portant sur le sol d'une tribu, ne pourra être aliéné au profit de personnes étrangères à la tribu. »

« Pour bien comprendre cet article, il faut savoir que, dans le territoire militaire, il y a des propriétés qui appartiennent aux tribus et des propriétés qui appartiennent aux particuliers.

« Des difficultés s'élevèrent entre les deux administrations sur ce texte. Alors, le 16 février 1859, il parut un décret interprétatif, obtenu de l'Empereur par le prince Napoléon, et rédigé en ces termes : « Sont libres en Algérie, sans distinction de territoire, les transactions immobilières portant sur des biens possédés en vertu de titres réguliers de propriété privée. »

« Le prince Napoléon avait à peine quitté le ministère, qu'on en vit les inconvénients ; et, le 7 mai suivant, un décret impérial dit formellement : « L'exécution du décret du 16 février 1859, sur la liberté des transactions immobilières dans les territoires militaires, est suspendue. »

« Or, Messieurs, Ben *** habite le territoire militaire ; donc, il n'a pu être exproprié. Car l'expropriation constitue une transaction immobilière. Les faits, du reste, vous en diront plus que je ne saurais faire. Mon client est un riche aga de la division. Le mois dernier, pour partir à la Mecque, l'argent lui manquait. Il alla chez un notaire, le priant de vendre à l'amiable un morceau de terre qu'il possède à titre privé. L'officier ministériel lui refusa, au nom du décret impérial du 7 mai. La seule ressource était d'emprunter. Jacoub prêta 150 francs ; mais, sans doute, à cause de la position singulière créée par la loi à mon client, il lui en fit signer un billet de 500. C'est en vertu de ce titre, qu'il l'a saisi et qu'il veut l'exproprier.

« Messieurs, vous ne rendrez pas un jugement d'où il résulterait qu'on peut exproprier un homme d'un bien qu'il ne peut pas vendre. »

Le procureur impérial conclut ainsi, autant que je me rappelle : « Messieurs, il y a eu, depuis 1830, en Algérie, sur la propriété, quinze arrêtés, quatre ordonnances, une loi et deux décrets.

« La loi a abrogé les arrêtés et les ordonnances qui l'ont précédée. On vous a parlé d'un décret qui interprétait un de ses articles, et d'un autre décret qui suspend son interprétation. Un décret n'a aucune valeur pour empêcher l'exécution d'une loi ou pour l'interpréter. J'honore les scrupules d'un notaire qui le respecte, mais je suis sûr que le tribunal ne les partagera pas. Il ordonnera de vendre en justice un bien qu'on pouvait vendre à l'amiable, ainsi que la loi l'autorise, nonobstant un décret qui suspend l'exécution d'un autre décret interprétatif de la loi. »

Le tribunal renvoya l'affaire au mois suivant, pour prononcer son jugement.

— « Ça, me dit le pauvre employé, toutes les propriétés que j'ai vues en Algérie, sont bien mal constituées.

— Mais, repris-je, les autres le sont mieux qu'en France.

— Je vais y voir; songez à mon procès. »

A ces mots, il me quitta, abandonnant l'Algérie à tous ses décrets, lois, règlements, arrêtés, ordonnances et circulaires. Il faut qu'elle soit bien forte, si elle résiste à cette malédiction.

LETTRE LXXI

PAUL D'ORLY A Mme ERLANGES

Madame,

La grande question est ici de savoir ce qui vaut le mieux; l'autorité civile ou l'autorité militaire.

Celle-là se laisse discuter, s'attache au sol par des intérêts et des mariages, tandis que celle-ci ne souffre pas de réflexions, ne peut aider au développement d'un pays sans s'exclure. En théorie, il n'y a pas de doute. Le malheur veut qu'en Algérie les hommes passent avant les principes ou les vicient, en sorte que les fonctionnaires des deux espèces sont aussi mauvais les uns que les autres. Néanmoins, l'expérience des Anglais et des Hollandais prouve que l'esprit civil l'emporte sur l'esprit militaire.

Notre histoire d'outre-mer le prouve aussi. C'est parce que nous avons toujours donné le commandement à des soldats dans nos colonies, qu'elles n'ont pas prospéré. L'initiative des premiers émigrants a été comprimée : aussi n'en est-il pas revenu d'autres. Aux Sandwich, il y a trois mille hommes de troupes contre vingt-cinq colons. Que peuvent-ils ? Ce qu'ils peuvent en Algérie. On n'en permettrait pas davantage. Celui qui va dans nos établissements maritimes, croit qu'ils appartiennent à la France. Son erreur ne dure pas longtemps. Ils appartiennent à l'armée française qui les garde pour son usage, soit afin d'y établir une école ou un camp, soit d'y avoir des bulletins ou des croix, soit d'y faire à son aise du despotisme ou le reste.

Certes, nous aimons beaucoup les uniformes, puisque le chef de l'État, dans les grandes solennités, pour nous plaire se costume en général. Nous aimons peut-être aussi les épées, mais nous avons horreur du sabre. Jugez dès-lors, si les soldats attireront les peuples pacifiques de l'Allemagne, cette pépinière des colonies européennes.

J'espère voir reconnaître que le trop d'autorité est la cause du peu de prospérité de l'Algérie.

Et qu'on ne m'allègue pas le maréchal Bugeaud ; il ne faut pas prendre son nom en vain, ni médire de lui, crainte de malheur. C'était un grand colonisateur, pour son temps. S'il vivait, il accorderait davantage à l'autorité civile.

Moins il y aura de militaires en Algérie, plus il y aura de colons.

L'armée a beau prétendre que les émigrants ne pourraient pas vivre sans elle. Cette allégation même lui est défavorable ; car, ceux qu'elle soutient momentanément d'une vie artificielle qui cesse à son départ, ce ne sont que des marchands de vin et des gargotiers. La présence éloigne les vrais émigrants, comme le libertinage et la tyrannie font fuir l'indépendance et la sagesse.

LETTRE LXXII

GEORGES SIMONIN A JULES ERLANGES

Mon cher ami,

On parle beaucoup de modifications dans le gouvernement de l'Algérie. Mais comme les bruits sont différents, chacun accueille ceux qui lui conviennent le plus.

Les colons espèrent qu'elles seront en leur faveur. Déjà, ils se croient à la veille d'élire leurs conseillers municipaux, sous je ne sais quel prétexte. Pourquoi pas aussi leurs maires, afin d'échapper à la tutelle de l'État?

Quelques-uns vont jusqu'à s'imaginer qu'ils seront pourvus de représentants pour défendre leurs intérêts et participer aux affaires du pays, comme de véritables Français; du reste, ils allèguent que, plus jeunes, en 1848, ils en ont eu sans inconvénient. Médiocres raisons !

Tous les actes du gouvernement provisoire ont été reconnus mauvais. Quant à la qualité de Français, quelques émigrants l'ont perdue, et le reste a mérité de la perdre, ne fût-ce que pour être venus en Algérie. Enfin, ils sont

orléanistes. Quand le duc d'Aumale et le prince de Join-
ville quittèrent ce pays pour l'exil, la population les ac-
compagna en criant : « Vivent les princes! »; ils furent
obligés de se retourner pour dire : « Non, messieurs,
vive la France! »

Au surplus, un fonctionnaire me répliquait l'autre jour :
« Cet état ne peut durer, tout se fait ici administrative-
ment; les lois y sont suspendues par des décrets, les décrets par des ordonnances, les ordonnances par des circulaires qui règlent tout. Aussi, le gouvernement va-t-il oc-
troyer une constitution à l'Algérie. Car, ce qui manque
surtout ici, c'est une règle fixe qui donne aux généraux,
aux préfets et à l'administration, la suite dans les idées. »

Tous ces beaux raisonnements sont des impertinences
auxquelles on va mettre bon ordre. Je tiens de source certaine qu'on supprimera le ministère spécial de l'Algérie
et des Colonies. Quelle sottise, en effet, d'avoir une telle
administration sous prétexte qu'il en existe une semblable chez toutes les puissances maritimes, la Hollande,
l'Angleterre et l'Espagne. Du reste, pour la repousser, ne
suffisait-il pas de savoir que l'idée en venait de M. Guizot,
qui y destinait M. Magne.

En vérité, son existence avait été assez longue; elle avait
soulevé assez de conflits, donné lieu à assez de difficultés
presque sans résultats, sinon l'importation des conseils
généraux, la réorganisation de la magistrature et la création d'une chambre des mises en accusation, l'extension de
la juridiction des tribunauxcorrectionnel et criminel aux
colons du territoire militaire, l'organisation du service
topographique, des encouragementsdonnés au coton, la

loi sur les chemins de fer et des constructions de ports.

Le ministère sera remplacé par un gouverneur général, dans les mêmes conditions qu'avant 1848, avec les interpellations des Chambres et la liberté de la presse de moins. On parle du maréchal duc de Malakoff pour cette haute fonction.

L'Algérie va enfin prospérer; car tous les progrès coloniaux se sont accomplis sous ce régime, qui est le seul bon. En effet, dès que le système civil l'emporte, l'administration militaire lutte, sinon pour le vaincre, au moins pour le paralyser et montrer qu'il est incapable. Quand le principe militaire règne, il laisse gouverner les autorités civiles, soit qu'il se contente du triomphe, soit parce qu'il ne veut pas être taxé de despotisme. Voilà pourquoi, mon cher Jules, il faut détruire le ministère de l'Algérie et des Colonies.

LETTRE LXXIII

PAUL D'ORLY A Mme ERLANGES

Madame,

Depuis les Phéniciens, il est notable que le goût des grands peuples pour les colonies diminue de jour en jour.

Je ne m'abuse pas; ce n'est ni par l'effet du hasard, ni par l'impossibilité de trouver des terres nouvelles. On leur a fait trois objections sérieuses qui triomphent, grâce à leurs principaux auteurs.

Montesquieu a formulé le premier reproche. Il prétend que les établissements d'outre-mer dépeuplent un pays, sans en dépeupler un autre. A quoi Malthus répond : « Il n'y « a pas lieu de croire que les émigrations, qui ont fondé les « Etats-Unis, aient produit une diminution sensible d'ha- « bitants en Angleterre. Loin de là, une émigration mo- « dérée favorise les naissances. On a remarqué que les « provinces d'Espagne, qui ont donné le plus de colons à « l'Amérique, sont celles dont la population s'est accrue. »

L'objection de J. B. Say me semble plus grave, en ce qu'elle a l'air de reposer sur des faits. « Les colonies, en « créant un monopole en faveur d'un pays au préjudice « d'un autre, ont le double inconvénient de ruiner l'un et « d'appauvrir l'autre, à moins qu'elles ne secouent le joug « de la mère-patrie, comme l'Espagne et les Etats-Unis. » Je ne vois là qu'une critique de l'ancien système colonial, qui tombe devant le nouveau.

Enfin, on a dit que, « au lieu de fonder de pareils éta- « blissements à l'étranger, il vaudrait mieux les créer « chez soi ; qu'il n'est pas de pays où ces colonisations ne « fussent utiles et faciles. » Le plus grand homme d'Etat de notre temps (*) démontre que c'est se tromper sur les motifs qui poussent à l'émigration, la recherche de l'inconnu et l'attrait de l'éloignement. Tel qui va se faire colon aux Indes et en Amérique, n'irait pas dans les Landes ou en Sologne.

Voilà les objections : je crois les avoir réfutées. Mais, si je me trompe, si j'ai pris mon désir pour une démonstration, il me restera la conviction que les colonies sont nécessaires et même indispensables aux grands peuples.

Il leur en faut pour s'assurer certaines matières premières, pour se ménager des débouchés plus sûrs, pour avoir des points de ravitaillement au besoin et des abris en cas de guerre, pour donner satisfaction à ceux de leurs peuples qui veulent émigrer, pour éviter les insurrections qui naissent de l'exubérance de population ou d'activité ; enfin, pour suivre la loi du progrès. Car, si l'essence du

---

(*) M. Thiers, *Colonisation* in *Dictionnaire de la conversation.*

gouvernement absolu, qui s'en va, est de faire la guerre, celui du gouvernement constitutionel, auquel l'avenir appartient, est de coloniser.

Ces raisons suffisent à prouver l'utilité des colonies pour tous les peuples. Pour la France, l'Algérie est plus précieuse encore ; M. Duval l'a dit, et chaque jour le confirme, c'est :

« La liberté de la Méditerranée, purgée de pirates ;

L'extension du territoire français, porté presque au double de son étendue ;

Le développement de la marine nationale, à voile et à vapeur, militaire et marchande ;

La consolidation de la puissance française sur les rivages méditerranéens par l'occupation d'une position maritime et militaire de premier ordre ;

Un centre hospitalier d'émigration à la portée de toute l'Europe ;

Un champ illimité d'activité féconde, ouvert aux sujets et aux capitaux ;

L'extinction du paupérisme, par le travail offert à tous les bras ;

La transformation du prolétariat, par la propriété offerte à toutes les épargnes ;

Une production, pour la France, de la plupart des denrées alimentaires qu'elle achète à l'étranger ;

Une compensation, pour le midi de la France, de la prépondérance que Paris exerce au profit du nord ;

L'éducation morale et professionnelle des orphelins et des enfants abandonnés, et des jeunes condamnés ;

Une école de tolérance mutuelle pour les trois grandes

religions de l'humanité : le christianisme, le judaïsme, l'islamisme ;

Une école de nouveautés pour l'esprit s'habituant à voir d'autres mœurs, d'autres croyances, d'autres états de société ;

Un ressort d'extension colonisatrice pour le caractère national se déshabituant de ses timidités et de ses manies de propagande purement guerrière ;

Un terrain de libre expérimentation pour tous les systèmes d'organisation pacifique ;

Une régénération industrielle et morale des races inférieures et déchues ;

L'invasion progressive de la barbarie par la civilisation, de l'islamisme par le christianisme ;

L'exploration commerciale et scientifique de l'intérieur du continent africain ;

Un rayonnement de l'influence française sur les Etats barbaresques de Tunis, Tripoli et Maroc ;

Le contre-poids d'émigration aux courants australien, californien, américain, qui profitent à nos seuls rivaux.

C'est enfin un accroissement de puissance, de richesse, de gloire pour la France et pour l'humanité. »

LETTRE LXXIV

GEORGES SIMONIN A JULES ERLANGES

Cher ami,

Le rédacteur en chef d'un journal d'Algérie, vient de proposer un prix de 500 francs au meilleur mémoire sur la question du « peuplement des colonies. »

Le malheur est que j'ai plus de temps que de livres; néanmoins, j'ai pensé à traiter ce sujet et, si je ne suis pas trop mécontent de mon travail (qui sait?), à concourir. Je viens d'en faire le croquis. Le voilà. Il te servira pour me chercher des notes.

La Chine, qui me paraît être la première colonie, doit sans doute sa fondation aux Egyptiens; mais les renseignements me font défaut, pour établir comment ils l'ont peuplée.

Les colonies grecques ont été créées par des particuliers; c'est pourquoi elles ont très-bien réussi. Elles sont parvenues à un haut degré de prospérité, parce qu'elles ne comptaient ni sur la tutelle ni sur l'appui de la métropole, si bien même qu'elles l'ont secourue à l'époque de l'invasion des Perses.

Les Romains n'ont jamais transporté, sauf par exception, la famille dans leurs colonies. Aussi, en Afrique, par exemple, où l'on voit les descendants des Vandales, on ne retrouve du peuple-roi que des débris d'architecture. L'histoire l'explique. Lorsqu'ils avaient vaincu une nation, ils l'amenaient avec eux en esclavage, et la donnaient aux citoyens qui la gardaient aussi pendant une génération. Les enfants étaient renvoyés dans le pays de leurs pères, pour cultiver les immenses concessions faites aux patriciens ou aux militaires qui avaient bien mérité de l'État. Peu à peu ils étaient affranchis, et briguaient l'honneur de devenir Romains, tout en restant chez eux. Voilà pourquoi aucune colonie n'a secoué le joug de Rome, et comment elle a dominé le monde.

Le consul d'Espagne à Oran, un jeune homme d'avenir, qui a la mélancolie d'une femme et la finesse d'un diplomate, me disait « que ses compatriotes, après avoir, selon « l'usage, exterminé ou exploité les indigènes de leurs colo- « nies, faisaient de grands efforts pour favoriser l'introduc- « tion des émigrants. Dès 1794, le célèbre Havanais, don « Francisco de Arango avait obtenu des fonds pour encou- « rager l'immigration des travailleurs blancs. Le roi Fer- « dinand VII, en 1817, avait pris des mesures très-libérales « pour accroître la population blanche et l'attirer par des « dispenses d'impôts et d'autres facilités. En 1844, la « junte royale d'encouragement à l'agriculture a offert « des primes de 6,000 à 12,000 piastres, pour le même

« objet. Il y a d'autres décrets encore, de 1854, 1857 et
« 1860, en faveur du peuplement (*). »

La Hollande émigre peu dans ses colonies, mais elle
s'assimile admirablement les naturels par un système habile, à l'aide de quoi elle les rend les débiteurs du gouver-
ment, sans être les serviteurs de personne.

Quant aux Anglais retors, tous les moyens leur sont
bons pour peupler leurs colonies. Ils y appellent les émigrants de l'univers par mille sortes de promesses et d'a-
vantages ; ils s'assimilent un peu les indigènes, y dépor-
tent leurs condamnés, et encouragent leurs patriotes à s'y
rendre.

Qu'importe que les Russes, qui n'ont pas de possessions
outre-mer, appliquent à leurs colonies de l'intérieur leurs
idées militaires, et que les colons comprennent une partie
mobile et une partie immobile.

La France a employé tous les systèmes et d'autres encore. Il y a eu le peuplement par les colonies agricoles,
avec ou sans subvention, avec ou sans vivres, par les petites concessions à des particuliers, par les grandes concessions à des Compagnies financières, par les communautés religieuses, par les orphelins, par les enfants trouvés, par les jeunes détenus, par les déportements, par
l'armée, par les Arabes, sans compter celles par les Chi-
nois, les Indiens et les nègres. Cependant, ses colonies
sont peu habitées.

On raconte qu'un peintre, chargé de faire le portrait de
tous les peuples, s'arrêta au Français ; et, après maintes ten-

(*) Voir M. A. Cochin, *De l'abolition de l'esclavage.*

tatives infrutueuses, faute de savoir de quelle façon le vêtir, le peignit nu avec des étoffes sous le bras, pour qu'il s'habillât, disait-il, à sa guise, convaincu qu'il le ferait bientôt le mieux du monde.

Pourquoi le gouvernement n'imite-t-il cet homme d'esprit?

LETTRE LXXV

M. SIMONIN A M. ERLANGES

Monsieur,

J'espère que vous me pardonnerez la dernière lettre que j'ai eu l'honneur de vous écrire. En vérité, j'ai honte d'avoir répondu sur ce ton railleur à votre sollicitude. C'était le rire du découragement.

Les choses vont un peu mieux, grâce à vous. Je vous remercie mille fois. Nous vous devrons encore l'existence.

L'argent que vous avez envoyé à ma femme a servi à nous soutenir, jusqu'à ce que l'indemnité que l'État devait nous accorder, pour nous avoir expropriés de notre concession, fut réglée. Je l'ai touchée hier. Aujourd'hui, j'ai pu acheter avec cette somme un pauvre hangar, amenagé en cabaret assez bien achalandé. C'est dommage qu'il ne suffise pas pour coloniser un pays, de planter des queues de billard et de les arroser avec des petits verres, en médisant de l'administration. La plupart des émigrants français y excellent, au dire de ma ménagère, qui tient le comptoir des colonisations.

Pour moi, je suis allé offrir mes bras à un gros fermier du voisinage. Son système est de payer cher les ouvriers, mais de ne les prendre qu'à l'année, et de les mettre à la porte, dès qu'ils manquent un jour au travail. J'ai signé l'engagement.

Je ne crois pas m'abuser de croire qu'à l'expiration de ce terme, ma femme et moi, par le moyen de notre labeur, chacun de notre côté, nous aurons un billet de mille francs d'avance.

Alors, capables de payer notre passage, nous retournerons, ne fût-ce que comme domestiques à Capendu, où nous avons été maîtres, comptant sur Dieu et sur vous pour nous aider, sinon à vivre, du moins à mourir en France.

LETTRE LXXVI

PAUL D'ORLY A Mme ERLANGES

Madame,

Tous les grands peuples ont eu des colonies. Néanmoins, ils les ont traitées différemment selon les temps, comme tous les établissements de l'homme se perfectionnent avec lui.

La première nation sur laquelle on puisse avoir avec quelque certitude des renseignements de ce genre, ce sont les Grecs. Ils envoyaient des armées en pays étrangers pour le vaincre, le réduire en esclavage, et le forcer de cultiver la terre à leur profit. Les Romains n'ont pas fait autrement. Le père Enfantin l'a démontré avec autant d'érudition que d'éloquence (*). Ils faisaient exploiter le sol conquis, mais ne le cultivaient pas. Leurs colonies étaient des établissements militaires, institués pour maintenir les peuples dans l'obéissance et fournir à la métropole des impôts et du blé.

(*) *Colonisation de l'Algérie.*

Les nations modernes ont longtemps suivi ces traces. En Amérique, les Espagnols et les Portugais ont exterminé les indigènes pour avoir l'or de leurs mines. Les Hollandais n'ont guère été plus ménagers de la vie des Indiens. Vous savez comment l'Angleterre s'est maintenue à la Jamaïque, et la France au Canada.

Ce n'était pas coloniser, c'était conquérir. Mais peu à peu, lorsque la navigation fut assez avancée pour garantir la régularité des rapports entre les colonies et leur métropole, dès qu'on fut certain de pouvoir revenir jouir des lents bénéfices de l'agriculture et de l'industrie, au lieu de piller le pays, on le mit en coupe réglée : tel est le système moderne, sous quelque nom qu'il soit déguisé. Il consiste à obliger la colonie à ne produire que pour la métropole, à n'acheter que d'elle, à ne vendre qu'à elle, à ne pas rivaliser avec elle, et à ne recevoir que des patriotes chez elle.

Il fallait être bien ignorant ou bien cupide, pour ne pas voir que ce calcul, bon tout au plus à fonder une pêcherie ou un comptoir, aurait les plus funestes conséquences. L'histoire a démontré que, tout en déshabituant la métropole de l'agriculture et de l'industrie, il conduisait la colonie à la ruine ou à la révolte. C'est pourquoi l'Amérique du Sud s'est affranchie de l'Espagne en décadence, et que l'Inde frémit sous le joug de l'Angleterre.

L'expérience combat le système de conquête et d'exploitation approuvé par Machiavel (*). Rabelais (**), autant par

(*) *Le Prince*, chap. v.
(**) *Pantagruel*, liv. III, chap. 1er.

amour de l'humanité que par instinct politique, en proposa un autre que Turgot devait vanter à son tour inutilement. C'est la civilisation que je veux dire. Non qu'il faille mépriser les premiers, mais les lui subordonner.

Ce sera une des gloires de Louis-Philippe, d'en avoir voulu l'application en Afrique, et un des honneurs de de M. E. de Girardin, d'en avoir fait un principe nouveau.

Un gascon du tropique, dont la position attristait les idées, a écrit, du fond de l'exil, que la France perdrait l'Algérie, comme elle avait perdu les Indes-Orientales, l'île Maurice, le Canada, la Louisiane et Haïti. Je ne le crois pas ; et, du reste, avec le récent système colonial, le danger est moindre. Civiliser un peuple, c'est-à-dire développer chez lui le commerce par l'intérêt, l'instruction par les écoles, la moralité par la justice, l'amour de la métropole par la représentation, c'est un sûr moyen de se l'assimiler, ou du moins de se préparer sa reconnaissance, dans le cas où il s'émanciperait.

Il y a là de quoi réfléchir : les politiques n'ont vu jusqu'à cette heure, dans les colonies, qu'une question de défense et de ravitaillement, et les économistes qu'une question de débouchés et production ; il est temps que les moralistes aient leur tour, et que ce soit aussi une question de justice et d'humanité.

LETTRE LXXVII

PAUL D'ORLY A Mme ERLANGES

Cher Monsieur,

Vos lettres et votre style me font bien augurer de vous. J'apprends avec plaisir que vous n'êtes plus agité du besoin de changer de place. Ce sont des indices d'un esprit tranquille. Vous êtes convalescent, sinon guéri.

Il me semble que vous pourriez revenir à Paris, sans danger. Vous y serez reçu comme l'enfant prodigue. Votre famille vous attend avec impatience ; vos amis vous demandent à cors et à cris ; moi-même, j'ose mêler ma voix à ces voix qui vous sont sans doute plus chères.

C'est assez d'exil, d'études et de distraction. Il est bon de vaincre, mais il ne faut pas abuser de la victoire.

Revenez embrasser une profession régulière. Je crois que vous pourrez réussir au barreau ou dans la diplomatie. Nous vous chercherons ce qui vous conviendra le mieux.

Surtout, pas d'orgueil déplacé ni de défiance exagérée.

Si votre blessure se rouvrait, ne craignez rien. Mon mari m'a souvent dit que j'étais née sœur de charité; s'il est vrai, j'y mettrai pour la refermer le meilleur baume du monde.

Au revoir, cher ami, à bientôt.

LETTRE LXXVIII

PAUL D'ORLY A Mme ERLANGES

Ouchda (Maroc).

Madame,

Je ne saurais vous dire l'effet que m'a produit votre lettre. A mesure que je la lisais, la fièvre s'empara de moi, et une résolution suprême s'en suivit. Après avoir envoyé ma démission d'inspecteur, réglé quelques petits comptes, écrit à ma famille, je montai à cheval, et d'aller, ventre à terre, à travers champs. Tout se passa bien les trois premières journées ; nous couchions et mangions dans les villes, les villages ou les douars. Le quatrième soir, je me trouvai au milieu de montagnes à pic hérissées de forêts et coupées de précipices. Ma bête, sous mes éperóns, courait toujours, au risque de ma vie.

Un vieil Arabe, à barbe blanche, qui passait en défilant son rosaire, m'aperçut en danger d'être cent fois tué, et me dit :

— « Chrétien, prends garde à la mort.

— « Je ne la crains pas, je suis à ses trousses.

— « Es-tu amoureux ou insensé ?

— « L'un et l'autre.

— « Je suis médecin de l'âme et du corps. Viens avec
« moi, nous irons ensemble chercher la plante qui gué-
« rira ton mal.

— « Comment la nommes-tu ?

— « Le lotos.

— « Où se trouve-t-elle ?

— « Il existe une région semblable à une peau de tigre ;
« elle est formée de vastes espaces d'une couleur fauve,
« piquée de points noirs qui se groupent par larges ta-
« ches, et zébrée de raies grises. Les espaces fauves sont
« des sables; les points noirs, des tentes; les taches, des
« oasis; les raies, des montagnes. Le sol est clair-semé
« d'une végétation naine et de ksours, cachés dans des
« touffes de palmiers. Tel est l'aspect du Sahara.

« A quelques jours plus loin, les points et les taches
« cessent brusquement, et il ne reste plus dans le fond
« qu'une nuance rouge uniforme. La terre, brûlée par le
« soleil, y brûle les yeux ; on n'y rencontre ni pierre, ni
« eau, ni plante. Les seuls hôtes de ces plaines incommen-
« surables, sont le simoun qui vous ensevelit dans ses ra-
« fales et les Touaregs, qui sont les corsaires de cet océan
« de sable. C'est le désert.

« Le lotos pousse sur la limite.

— « Je connais ton dictame, c'est la distraction.

— « C'est l'oubli.

— « Il faut l'aller chercher bien loin.

— « Moins loin que la mort.

«Du reste, le voyage n'est pas aussi extraordinaire
« qu'on le croit généralement. Il est peu de Marocains
« qui n'y aient été, et même à quinze jours de marche au-
« delà, où est le véritable commerce du Soudan. Tous les
« négociants du Maroc ont des comptoirs à Tombouctou.
« Il part, de Fez, de fréquentes caravanes pour y aller :
« elles se font accompagner par un marabout, ou lui de-
« mandent une lettre, qui leur sert de sauve-conduit près
« des tribus de la route ; souvent même, il suffit de leur
« payer une espèce de redevance, moyennant quoi elles
« vous laissent passer. On va de Fez à Tafilet en dix
« jours, et de Tafilet à Tombouctou en quinze ; la location
« d'une mule pour le trajet coûte 90 fr.

« Rien n'est plus simple et plus curieux. Il y aura plai-
« sir pour toi à voir, dans un pays isolé de l'univers, un
« marché de dix mille hommes.

« La difficulté est de revenir, si on ne veut pas prendre
« le même chemin. Il faut suivre une des caravanes qui
« vont de Tombouctou au Touat, et de là, à Tunis, en co-
« toyant le sud de l'Algérie. Mais ne crains pas de te per-
« dre, je te ramènerai ; car *le désert dévore ceux qu'il ne*
« *connaît pas.* »

Chemin faisant, nous arrivâmes à Ouchda. J'acceptai
l'offre du marabout. Il veut partir dès demain pour rejoindre la caravane de Fez.

La fleur de Tombouctou m'a l'air de ressembler au saut
de Leucade.

Qu'importe, si je reviens guéri, je connaîtrai une des
plus belles questions commerciales du monde. Vous savez

qu'en effet, nous écoulons beaucoup de nos produits manufacturés dans le centre de l'Afrique, chez les nomades qui les préfèrent aux autres. Mais nous les leur ferons passer par la Tunisie, comme les Anglais leur en exportent par le Maroc. On se demande alors à quoi nous sert l'Algérie, pourquoi nous nous servons d'intermédiaires, et comment nous ne cherchons pas à tuer une concurrence qui, de commerciale qu'elle est, peut devenir politique.

Ce n'est pas tout. Les Sahariens ne possèdent pas de sel, à ce point que, pour conserver la viande, ils sont obligés de l'emmieller. Le pays manque également de blé. Il faut qu'il aille acheter l'un dans le Darfour, et l'autre dans le Maroc ou la Tunisie. La France ne pourrait-elle pas fournir aisément le centre de tous ces objets? Il y aurait un double avantage; car, outre que cette vente augmenterait notre richesse, elle mettrait ces peuples dans notre dépendance, comme le ventre dépend de la nourriture, selon leur expression. En échange, ils nous apporteraient, nous vendraient ou nous échangeraient des draps, des feutres, des sandales de maroquin, les manteaux de laine des nomades, les bonnets et les essences de Tunis, les tissus de Perse et de Cachemire, l'ébène, les perles fines, la poudre d'or de Nubie, les épices de l'Inde, le café de Moka et de Bourbon venus par la mer Rouge.

Le nœud est de mettre le sud en relation avec l'Algérie.

Tous les peuples ont eu la même façon de remédier à la difficulté des communications au point de vue commercial. Les Grecs allaient en procession, tous les ans, à Delphes, consulter l'oracle et acheter ou vendre leurs denrées. Au moyen âge, les lieux de pèlerinage étaient aussi des lieux de foire. Les Arabes ont de même des caravanes qui, tout en recrutant les fidèles qui se rendent à la Mecque, achètent et vendent, répandant ainsi la prospérité sur leur chemin. La théorie de Tombouctou au Caire venait autrefois jusque sous les murs de Médeah. Quand on sait combien l'eau est rare en Afrique et importe à une si grande foule, il semble que, pour l'attirer de nouveau, il suffirait de faire des puits de dix lieues en dix lieues, entre le Sahara et l'Algérie.

Cependant, quel que soit le moyen, je le connaîtrai à mon retour.

Si je ne reviens pas, madame, allez trouver ma famille ; consolez-la et priez-la de me pardonner de l'avoir quittée pour jamais, car je doute que je revienne. Le vieil Arabe me l'a dit : « Le désert dévore ceux qu'il ne connaît pas. »

Mais, madame, avant de vous dire adieu, permettez-moi de vous remercier de la bonne amitié que vous m'avez témoignée. J'ose même espérer qu'elle laissera quelque trace dans votre cœur, et peut-être, par les rapprochements que vous pourrez faire, attendrira les souvenirs qui me rappelleront à vous, lorsque je ne serai plus.

Vous ne sauriez croire quel charme je trouve, près de mourir, à l'idée que, dans les veillées d'hiver, en tisonnant au coin du feu, mon nom, ainsi qu'une étincelle, se mêlera parfois à vos pensées. Cela sourit et plaît à mon imagination ; et, s'il est vrai que quelque chose nous survive, soyez certaine que ce quelque chose, sous une forme n'importe laquelle, viendra voltiger autour de vous.

Ainsi, chère dame, vous êtes prévenue; attendez-vous à tout, et ne craignez pas les revenants.

LETTRE LXXIX

GEORGES SIMONIN A JULES ERLANGES

Mon cher ami,

Hier, le capitaine du bureau arabe, après m'avoir fait quelques allusions à mon travail *sur le peuplement* dont je t'ai parlé et m'avoir signifié que l'esprit des lettres était incompatible avec l'esprit des affaires, m'a dit : « M. Simonin, j'apprends que vous avez emprunté 200 francs.

— Oui, mon capitaine, pour acheter un cheval d'ordonnance.

— Il ne faut pas que les employés des affaires arabes aient des dettes.

— Suis-je le seul ?

— Oui, monsieur.

— C'est qu'alors il y a des dettes qui valent mieux que des payements.

— Vous m'insultez ; j'en ferai mon rapport au général. Mais, à dater d'aujourd'hui, je vous raye de l'administration indigène. Vous n'êtes plus digne d'en faire partie. »

Comme tu le vois, ma carrière est brisée, et je n'ai que dix-neuf ans. Le seul moyen de ne pas tout perdre, c'est de demander un congé pour me préparer à l'Ecole de Saint-Cyr ; je m'y résoudrai.

Tu ne croirais pas que, dans ce moment-ci, je regrette moins de sortir du bureau arabe, si grave que ce puisse être, que de quitter l'Algérie pour trois ans au moins.

Le fait est exact pourtant. Tu ne t'y attendais sans doute pas, après deux désastres, celui de mon père et le mien, après tout le mal que je t'en ai dit et que je n'ai pas oublié.

Certes, il a des désagréments ; mais quel pays n'en a pas ? Du moins, les siens sont-ils compensés par des charmes.

Oui, l'Algérie possède un gouvernement plus militaire que civil, un soleil plus brûlant que chaud, des fleurs sans parfum, des fruits sans saveur, des hommes sans honneur, et des femmes sans pudeur.

Mais à côté, que d'agréments ! Quel passé ! Bien qu'on ne vive pas avec les morts, il y a un certain plaisir, mêlé d'orgueil, à fouler cette terre où s'est déroulé le panorama des siècles. A l'extrémité, c'est Atlas portant le monde ; là, Didon se tue pour Enée ; Annibal défend sa patrie ; Sophonisbe s'empoisonne pour se dérober à la servitude ; Scipion mérite de s'appeler l'Africain ; Térence naît ici ; Marius est encore assis sur les ruines de Carthage ; Jugurtha défie Rome ; Bélisaire, aveugle, demande son pain aux Vandales qu'il a vaincus ; ailleurs, c'est Tertullien exagérant le christianisme, ou saint Augustin s'égalant à l'Église ; quelques lieues plus loin, passe Richard Cœur de Lion, meurt saint Louis et triomphe, dans les fers, Vincent de Paul ; à Alger même, Cervantes et Regnard trouvent peut-être dans l'esclavage le secret de leur gaieté ; enfin, Bugeaud et Abd-el-Kader, dignes l'un de l'autre.

Que d'attraits encore aujourd'hui ! Tu sais que je ne suis pas un grand admirateur de la nature, et que je préfère les décors de Ciceri ou de Nolau. Que veux-tu ? j'ai beaucoup habité Paris, et l'air des grandes villes est trop imprégné de raillerie pour laisser éclore l'enthousiasme. Pourtant, je ne sais rien de splendide comme les nuits, de plus brillant que les étoiles, de plus beau que la lune, de plus nacré que le ciel, au bord de la mer, dans les plaines ou sur les montagnes, en Algérie. Le jour y est constamment d'une limpidité vaporeuse ; les paysages sont les plus variés : ce sont là, des cèdres ; ici, des palmiers ; au fond, les chaînes de l'Amour ; en face, la Méditerranée ; partout, des habits noirs, des pantalons rouges, et des bernouss blancs.

Mais, ce qui l'emporte sur le reste, c'est la douceur du climat, la fertilité du sol, l'insouciance de la vie, la facilité des mœurs, la liberté des conversations ; enfin, une atmosphère enivrante qui rend toute autre lourde et inhabitable.

Ah! je comprends que Rome défendît à ses exilés le séjour de l'Afrique, parce qu'ils eussent oublié la patrie ; car c'est bien la terre du lotos.

Il n'y a pas d'hommes qui n'ait été qu'une fois en Algérie, à moins qu'il n'y soit resté.

APPENDICE

Pourtant le Colon n'a pas quitté l'Algérie, car l'Éditeur
a vu son nom au bas de la pétition qui se trouvait, il y a
un mois, sur les murs d'Alger, de Constantine et d'Oran.
Il la met ici, quoiqu'elle ait été déjà imprimée ailleurs,
afin qu'elle soit un peu partout, et dans l'espoir de lui
être agréable.

PÉTITION A MESSIEURS LES SÉNATEURS

Messieurs les sénateurs,

L'Algérie appelle depuis longtemps de ses vœux une
Constitution qui règle sa situation administrative et politique, et lui donne une stabilité nécessaire à toutes les
sociétés, mais surtout à celles qui se fondent.

Elle est heureuse d'en voir chargé un corps qui compte dans son sein tant d'hommes d'État, de généraux, d'administrateurs qui connaissent ses besoins et apprécient ses ressources. Elle se félicite surtout de voir au même moment, à la tête du ministère de la Guerre, un maréchal qui, pendant si longtemps, l'a administrée et qui, en leur temps, a déjà signalé la plupart des réformes aujourd'hui sollicitées par le pays.

L'Algérie, messieurs les Sénateurs, n'ayant pas de représentation directe, le droit de pétition est le seul moyen qu'elle possède de faire parvenir à vous, dont dépendent ses destinées, l'expression de ses besoins et de ses vœux.

Ses besoins et ses vœux ont été, nous le savons, exprimés déjà par l'illustre maréchal qui gouverne l'Algérie. Il n'est cependant pas, croyons-nous, inutile de proclamer que sa voix a été l'interprète fidèle de la population algérienne tout entière.

Depuis trente-deux ans que la France a conquis l'Algérie, de grands, d'immenses progrès ont été réalisés. Aussitôt que ce pays a été conquis par le courage de l'armée, il a été transformé par le labeur de ses colons sur tous les points qu'ils ont pu aborder. Malheureusement, jusqu'à présent, leur champ d'action a été peu étendu.

Cependant, la colonisation européenne a besoin pour vivre, d'expansion et de mouvement. C'est la condition de son existence, son titre à l'estime de la métropole. Elle contribue ainsi à l'occupation du pays, à sa sécurité, à son assainissement. En voyant ce qu'elle a su faire sur les espaces qui lui ont été ouverts, tous les gouvernements, civils ou militaires, qui l'ont administrée, ont reconnu, dans l'intérêt de la France, la nécessité de lui ouvrir de nouveaux horizons. Cette expansion de la colonisation, si légitime, si nécessaire à la sécurité de la domination française, a cependant des adversaires.

. . . .

On nie l'aptitude de la race française à coloniser ; ceux qui érigent ces opinions en axiome oublient les terres lointaines où la race française s'est vigoureusement implantée : le Canada, la Louisiane, l'Ile-de-France, etc. Ce n'est donc pas ici la race qui est dans son tort ; le mal est ailleurs. Les mêmes observateurs s'étonnent que les colonies françaises ne jouissent pas de cette santé robuste qui caractérise certaines colonies anglaises.

Que l'on applique à l'Algérie le mode de gouvernement adopté dans ces colonies, et nous ne craignons pas de prédire les mêmes résultats.

Ce mode de gouvernement, les conseils généraux de l'Algérie l'ont déjà demandé. Aujourd'hui, les soussignés vous prient, messieurs les Sénateurs, de soumettre l'Algérie à un système administratif organisé sur les bases adoptées par les Anglais dans plusieurs colonies : un pouvoir local fortement constitué, avec une représentation coloniale placée à côté de lui et chargée de voter l'impôt, de le répartir, d'en surveiller l'emploi ; autorisée à contracter des emprunts pour l'exécution de ses travaux publics, de faire les lois locales, les règlements spéciaux d'administration publqiue.

Maîtresse de ses ressources, pouvant faire appel au crédit, l'Algérie exécuterait promptement les travaux de desséchement, barrage, voies de communication rapides, nécessaires à sa mise en valeur.

Nōus demandons l'élection pour cette représentation locale, ainsi que pour les conseils généraux et municipaux.

Nous demandons pour les communes une liberté d'action plus grande que dans la mère-patrie ; car ici tout est à créer, et la liberté n'est pas à redouter, mais est nécessaire pour lutter contre les obstacles nombreux que la nature oppose à l'action de l'homme.

Une vive émulation pour le développement des intérêts généraux s'emparerait alors de tous les citoyens appelés à gérer, à tous les degrés, leurs propres intérêts.

L'Algérie retiendrait alors dans son sein une foule d'intelligences qui n'y trouvent pas un champ d'activité suffisant.

Nous demandons l'inamovibilité de la magistrature algérienne, le jury d'expropriation, la libre transmission des offices ministériels, comme en France.

Par ces moyens, on créera des intérêts nouveaux et importants, on augmentera la stabilité des familles, la sécurité des transactions, la garantie de la propriété.

Nous demandons la suppression du droit de tonnage, condamné aujourd'hui par tout le monde, et qui est un obstacle invincible à l'extnesion de nos relations commerciales.

Nous demandons enfin et surtout l'exécution rapide des opérations destinées à amener la constitution de la propriété individuelle chez les indigènes et la liberté des transactions immobilières entre eux et les Européens.

C'est là, messieurs les Sénateurs, la question vitale pour la colonisation algérienne ; ce que la population coloniale redoute avant tout, c'est qu'en constituant la propriété individuelle au profit des indigènes, l'Etat se dessaisisse de la totalité des terres *arch* sur lesquelles les Arabes n'ont jamais eu le droit de propriété, et qu'ils sont incapables de mettre en culture. Cette réserve des droits de l'Etat est indispensable pour introduire et grouper, au milieu de la population indigène, les éléments européens nécessaires à sa civilisation.

La liberté des transactions et le mouvement naturel des échanges ne sauraient suppléer à ces concessions directes par l'Etat à des colons européens. Si, constituant la propriété individuelle arabe, l'Etat se dépouille complètement et ne réserve rien pour les immigrants, les chefs indigènes organisant une ligue hostile à la France achèteront seuls aux Arabes l'excédant des terres qui seront hors de toute proportion avec leurs besoins largement satisfaits. Ils en feront de grands parcours incultes comme par le passé, et la France aura constitué une féodalité arabe plus solide que celle qui existe aujourd'hui. De viagère et précaire, elle deviendra héréditaire. Elle tiendra en échec la petite et la moyenne propriété à laquelle nous voulons convier les indigènes ; quant à la colonisation, les voies ui seront complétement fermées.

Les soussignés sont persuadés, messieurs les Sénateurs, qu'il n'y a qu'un moyen d'appeler ee Algérie l'émigration européenne : c'est de mettre à sa disposition immédiate, soit gratuitement, soit à des prix modérés et connus d'avance, des lots de terre parfaitement délimités et en quantité suffisante pour y installer une population nombreuse et forte. Le partage des terres *arch* entre les Arabes et l'Etat peut seul permettre de remplir ce but.

Tel est le cri unanime de la colonie, telle est la mesure que vont se charger de développer devant vous des militaires, des ministres, des gouverneurs généraux, chefs de l'administration civile ou de la justice en Algérie, dont nous mettons sous vos yeux les opinions nettement formulées à diverses époques.

Extrait d'une circulaire de M. le maréchal duc d'Isly, gouverneur général de l'Algérie, en date du 10 avril 1847.

Je crois vous avoir dit plusieurs fois que ma doctrine politique vis-à-vis des Arabes était, non pas de les refouler, mais de les mêler à notre colonisation, non pas de les déposséder de toutes leurs terres pour les porter ailleurs, mais de les resserrer sur le territoire qu'ils possèdent et dont ils jouissent depuis longtemps, lorsque ce territoire est disproportionné avec la population de la tribu.

Je considère la longue possession comme équivalente aux titres écrits et devant donner lieu aux mêmes ménagements, avec cette différence, cependant, que, lorsque les circonstances permettent de resserrer une tribu qui n'a d'autres titres qu'une longue jouissance, on peut se dispenser de lui donner des indemnités pour ce territoire qu'on lui prend.

Extrait d'une circulaire de M. *le général* Charron, *gouverneur général de l'Algérie, en date du* 15 *juin* 1849.

Si l'étude des terres nécessaires à la colonisation nous oblige à prendre une partie de celles sur lesquelles les tribus sont installées à titre d'usufruit depuis assez longtemps pour qu'il y ait lieu de les traiter comme si elles étaient véritablement propriétaires, nous pouvons agir avec moins de réserve, en évitant toutefois, autant que possible, de froisser les usages et les habitudes. Je ne fixe pas la durée d'occupation qui peut à nos yeux constituer une sorte de droit à ce sujet ; je laisse ce soin à votre appréciation. Il ne me paraît pas, sauf des cas exceptionnels qui pourraient donner lieu à des décisions spéciales, que des indigènes établis sur des terres domaniales, sans titre et depuis la conquête, puissent invoquer cette occupation comme un droit à être reconnus définitivement propriétaires du terrain sur lequel on les a tolérés.

Dans les autres cas, il devra d'abord être procédé avec soin au recensement des tribus, à l'appréciation exacte des terres dont elles ont besoin, et ensuite à leur resserrement, si elles sont trop au large, et si cette opération suffit ; enfin, à leur établissement définitif sur d'autres points, si elles doivent être complètement refoulées. Dans cette dernière hypothèse, elles ne pourront se plaindre, puisqu'elles arriveront à posséder, d'une manière positive et sans retour, des terres suffisantes en échange de celles sur lesquelles elles n'existaient qu'à titre d'usufruit ou de tolérance.

Extrait d'un rapport soumis à l'Empereur par M. le maréchal Vaillant, ministre de la Guerre, le 30 avril 1857.

Je suis conduit à reconnaître que, malgré les efforts des bureaux arabes, l'indigène n'a fait aucun progrès en matière de procédés agricoles. Il cultive encore aujourd'hui comme il cultivait avant la conquête ; il a étendu ses espaces d'ensemencements, il n'a point amélioré ses terres. Faute des instruments nécessaires pour labourer profondément, ses récoltes souffrent lorsque arrivent les temps de sécheresse, et donnent un rendement de beaucoup inférieur à celui qui est obtenu par les colons européens.

C'est là un état de choses dont nous ne tarderions pas à regretter les conséquences fâcheuses, s'il devait se prolonger ; l'extension des cultures arabes diminuerait l'étendue des terres que l'immigration européenne pourrait mettre en valeur d'une manière plus fructueuse. Il est donc de toute nécessité qu'une combinaison nouvelle amène les Arabes à modifier leurs procédés, et assure aux colons appelés chaque jour en Algérie un large champ pour leurs entreprises.

La propriété dans les tribus n'est pas encore régulièrement constituée. L'Arabe occupe un sol dont la possession ne lui est pas garantie, et, en face des progrès de la colonisation, il n'est pas exempt d'inquiétudes. Il comprend que l'installation de la population européenne exigera de vastes espaces, et qu'il faudra qu'il se resserre pour lui faire place. Il redoute d'autant plus cette éventualité, que chaque jour, en augmentant ses labours, il s'attache davantage au sol qui l'enrichit.

La solution de ces difficultés est dans le cantonnement des tribus. Cette grande mesure, préparée par de sages dispositions, exécutée progressivement et avec justice, s'opérera sans danger, par suite de l'influence toujours croissante que nous exerçons sur les indigènes.

Elle donnera donc à la colonisation les terres qui commencent à lui manquer, et dissipera les appréhensions des indigènes, surexcitées par des rumeurs de toutes sortes.

Le cantonnement a pour objet de fixer d'une manière définitive les surfaces du sol qui sont indispensables aux Arabes pour y vivre, en tenant compte de leurs moyens actuels de culture et de leurs habitudes agricoles.

Il est hors de doute que, dans le temps présent, les Arabes occupent une étendue de pays beaucoup supérieure à leurs besoins. La preuve résulte des chiffres suivants.

Dans le Tell de la province d'Alger, qui comprend 4,320,000 hectares carrés environ, les derniers recensements indiquent, pour une population de 550,000 habitants (la Kabylie non comprise), une étendue de 565,000 hectares cultivés, soit un peu plus d'un hectare par habitant.

Dans le Tell de la province de Constantine, sur une étendue de 7,300,000 hectares et pour une population d'environ 800,000 habitants, il n'y a eu, en 1856, que 806,700 hectares cultivés par les Arabes ; c'est encore à peu près 1 hectare par habitant. En tenant compte et des procédés imparfaits de culture et des terrains nécessaires au parcours de leurs nombreux troupeaux, il est aisé de voir que, sans nuire aux Arabes, la colonisation européenne peut trouver à côté d'eux les espaces qui lui font défaut.

*Observations présentées par **M.** le maréchal duc de Malakoff, au conseil supérieur du gouvernement, le 7 octobre 1851.*

*Extrait d'une circulaire de **M.** le maréchal Randon, gouverneur général de l'Algérie, en date du 20 mai 1858.*

*Extrait d'un rapport soumis à l'empereur par **M.** le comte de Chasseloup-Laubat, ministre de l'Algérie et des colonies, le 25 juillet 1860.*

*Extrait du discours de **M.** de Vaulx, premier président de la cour impériale d'Alger, président du conseil général de la province d'Alger. Session de 1862.*

En ce qui concerne la constitution de la propriété arabe et le cantonnement, je serai bref : ce n'est pas ici le lieu de donner à la question légale tous les développements qu'elle comporte.

Je me bornerai à rappeler que le peuple arabe, envisagé sous un point de vue général, était nomade dans cette partie d'Afrique comme il l'était sur le sol de l'Arabie, comme il l'a été dans tous les pays où il s'est arrêté.

Ce qui est évident aussi, c'est qu'il n'avait aucun droit de propriété ou de jouissance sur la terre où, selon sa fantaisie, il avait posé sa tente, et d'où il pouvait être banni selon le caprice du souverain dont il avait reconnu la domination ; j'ajouterai qu'aucune modification n'a été apportée à cette situation, soit par les capitulations, soit par les lois qui, en garantissant tout droit de propriété ou de jouissance, n'ont pu avoir et n'ont eu en vue que les faits exceptionnels et nombreux, d'ailleurs, que se sont produits en dehors du fait général.

Il ne s'agit pas, au surplus, d'expulser, des terres sur lesquelles elles campent, les populations qui y vivent, mais de leur donner en pleine et entière propriété celles qui leur sont nécessaires ; il s'agit de fortifier par la propriété individuelle la famille arabe et de la relever ainsi sur sa base. Il s'agit d'être fidèle à notre mission et de faire tomber, sur une terre à nous, la féodalité qui, sur tous les points de l'Europe, s'est affaissée au simple contact de nos idées. Il s'agit d'une grande œuvre d'humanité, d'un haut intérêt de sécurité, et non pas d'une confiscation ; le mot n'est plus français, le mot et la chose étaient bannis du code de nos contrées, longtemps avant d'avoir disparu de nos autres codes.

S'il en est ainsi, si les capitulations sont muettes, si les lois n'ont rien dit, ce qui reste, c'est la nécessité d'ouvrir, tout en faisant la plus large part au peuple vaincu, la carrière à toutes les activités, de faire place au pauvre qui demandera à faire usage de ses bras, au riche qui cherchera sur cette terre un utile emploi de ses capitaux.

Comme dans les temps antiques et aux époques où l'on fermait le temple de Janus, comme toutes les fois qu'il s'est agi de fonder des colonies, il faut des terres à distribuer à tous ces hommes qui, faute d'air et d'espace, ne peuvent se mouvoir, dans leur intelligence et leur force, au milieu des rangs trop pressés des sociétés européennes.

Les terres disponibles ne sauraient manquer au travailleur, dans ce vaste territoire qui, depuis deux ans, jouit de la paix la plus profonde, sous l'action de l'illustre maréchal que la haute sagesse du Souverain a investi du gouvernement ; autrefois ce même territoire, quoique occupé par une population nombreuse, suffisait à nourrir l'Italie ; il pourrait encore nourrir vingt millions d'homme, il n'en renferme que trois millions.

Les soussignés croient ne pouvoir rien ajouter à la force de ces raisons en faveur du droit et de la nécessité de réserver, sur l'immense espace qu'on se propose de partager entre les indigènes de l'Algérie, les terres suffisantes pour l'installation d'une colonisation européenne, que cette mesure seule peut rendre importante et prospère.

Tels sont nos vœux, messieurs les Sénateurs. La solution que vous leur donnerez sera d'une importance capitale pour la France autant que pour l'Algérie. Elle doit inaugurer pour ce pays une ère nouvelle.

Législateurs de l'Algérie, vous tenez son sort entre vos mains.

Les soussignés ont l'honneur d'être avcc respect.

Messieurs les sénateurs,

Vos très-humbles et très-obéissants serviteurs.

(Suivent les signatures.)

TABLE DES MATIÈRES

———————

FIN DE LA TABLE.

www.ingramcontent.com/pod-product-compliance
Lightning Source LLC
Chambersburg PA
CBHW061449060726
47597CB00002B/533